DES

MALADIES DE CROISSANCE,

PAR

RAOUL REGNIER,

Docteur en Médecine de la Faculté de Paris,
ancien Interne provisoire des Hôpitaux,
Médaille de Bronze.

PARIS.

ADRIEN DELAHAYE, LIBRAIRE,
place de l'École-de-Médecine, 23.

1860

DES

MALADIES DE CROISSANCE.

Paris. — RIGNOUX, Imprimeur de la Faculté de Médecine,
rue Monsieur-le-Prince, 31.

DES
MALADIES DE CROISSANCE,

PAR

RAOUL REGNIER,

Docteur en Médecine de la Faculté de Paris,
ancien Interne provisoire des Hôpitaux,
Médaille de Bronze.

PARIS.

ADRIEN DELAHAYE, LIBRAIRE,

place de l'École-de-Médecine, 23.

—

1860

A M. A. GUBLER,

Professeur agrégé à la Faculté de Médecine de Paris,
Médecin de l'hôpital Beaujon,
Membre fondateur de la Société de Biologie.

MALADIES DE CROISSANCE.

INTRODUCTION.

> Il est plus philosophique et plus naturel de ne sup-
> poser qu'une force vitale du corps animal ; de considé-
> rer les actions diverses des organes comme des effets de
> cette force unique, diversement modifiée par la diffé-
> rente structure des parties ; de voir aussi la force ner-
> veuse, comme la fonction de la force vitale, dans le cer-
> veau et dans les nerfs, etc.
>
> (BARTHEZ, *Nouveaux éléments de la science
> de l'homme.*)

Avant d'entrer dans le développement de cette thèse, nous avouerons franchement notre insuffisance pour un sujet si vaste. Nous
sentons combien les notions précises nous manquent, et nous comprenons le genre de recherches si importantes qu'il eût été nécessaire de faire, pour arriver à produire quelque chose de complet.
Nous jetons quelques jalons, et nous nous préparons pour l'avenir à
un travail très-étendu, portant principalement sur la physiologie et
l'anatomie des premiers âges de la vie. Ainsi nous pensons qu'il serait
indispensable de faire l'histologie comparée de l'homme depuis sa
naissance jusqu'à sa période d'état. Les notions anatomiques bien
établies et d'une manière progressive, on arriverait à développer les
phénomènes physiologiques, qui pourraient se déduire rigoureuse-

ment de l'état anatomique préalablement décrit. Nous pensons qu'il serait plus facile, en suivant cette marche, d'arriver à se rendre compte, d'une façon plus exacte, des phénomènes pathogéniques, dont les manifestations sont si nombreuses et si protéiques, depuis la naissance jusqu'à la puberté.

D'une façon générale, l'enfance est d'une part une période de création, et d'autre part une période de perfection. Il s'accomplit alors une grande quantité d'actes qu'on ne retrouve plus quand l'homme a atteint son parfait développement. Les éléments sont nombreux, divisés en masse, et doués d'une grande puissance. Ainsi ce qui est déjà créé à la naissance va subir un mouvement d'accroissement plus ou moins considérable pour arriver à la perfection, sinon absolue, au moins relative. Toutes les forces sont en jeu, chaque élément cherche à prendre sa place; de là il résulte une lutte incessante entre tous les actes vitaux, dans laquelle l'harmonie est absolument nécessaire. Le moindre trouble, le plus petit obstacle jeté au milieu de ce tout qui cherche à se produire, à se former solidement, amène la chute de ce monument si frêle d'abord, mais qui pourra acquérir tant de puissance. On comprend, d'après cela, combien la mortalité est facile et fréquente pendant cette période de formation et de consolidation.

Quelle est donc la nature de toutes ces *forces* qui se trouvent en présence? quel est leur mode d'action, et comment se pourra produire cette harmonie indispensable à la vie de l'individu?

Nous nous trouvons maintenant en présence de questions bien graves. Admettrons-nous simplement ce que nous voyons des fonctions et des appareils d'organes, agissant d'un accord unanime? Admettrons-nous les fonctions d'abord, ayant à leur disposition des organes pour servir à tous les besoins? A qui la priorité, à la fonction ou à l'organe?

Lorsqu'ils ont été détruits par un travail morbide, certains organes se reforment pour répondre aux besoins de la fonction. Ainsi, dans les os, on voit des parties entières se renouveler quand la nécrose ou

la carie les ont altérées ou détruites. Les bourses séreuses sous-cuta-
nées sont des organes qui apparaissent sur certaines parties du corps,
quand les fonctions les appellent, et cela est si vrai que les professions entraînent leur formation, à titre de bourses séreuses supplé-
mentaires.

Nous croyons que la fonction a besoin d'appareils d'organes, et
que s'il ne devait pas y avoir de fonction, l'organe serait inutile.
Une preuve entre mille, c'est qu'après la ménopause, tout l'appareil
génital s'atrophie ou devient, suivant les circonstances, le siége de
transformations organiques. Les appareils sont créés pour la fonction, seulement la fonction a son *moment,* et l'organe ne se développe que pour répondre à ce *moment.*

Quand la fonction n'est pas éveillée, l'appareil demeure dans une
sorte d'enfance incontestable. Par exemple l'appareil générateur
ne se développe qu'au moment où le besoin de la reproduction se
fait sentir : mais il arrive aussi que lorsque les organes générateurs
sont supprimés d'une façon traumatique dans la jeunesse, la fonction
ne s'établit pas. *La fonction est donc sous la dépendance de l'organe?*
La fonction ne s'établit pas, c'est vrai; mais quelles modifications
ne voit-on pas dans les organismes privés de cet élément précieux.
L'homme perd alors tous ses caractères spéciaux, il devient comme
une anomalie jetée au milieu des êtres qui l'entourent, il n'est ni
homme ni femme. Preuve encore irréfragable du besoin d'harmonie.
Il y a, pendant la formation de ces êtres exceptionnels, une lutte
incontestable, et tout semble prouver que cette lutte est sous la dépendance de cette fonction qui existe virtuellement et qui ne trouve
rien pour se manifester !

Tous ces éléments sont solidaires les uns des autres; si la fonction
ne crée pas l'organe, au moins elle le domine puissamment. Il est
évident que la vie ne peut se manifester sans ces éléments divers;
c'est là la partie tangible des phénomènes vitaux, celle que l'on voit,
celle que l'on peut toucher, et nous pensons que les fonctions et les

2

appareils ne sont que le *substratum* d'autres principes qui ont la haute main sur l'existence.

Il est certain que si, comme saint Thomas, on ne croyait qu'à ce qu'on touche, on serait forcé de ne pas croire à grand'chose, et on resterait dans un étonnement continuel devant les prodiges de la nature. L'esprit, qui, en dépit des impossibilités, cherche toujours à se rendre compte et à expliquer, a créé une chose précieuse, *l'abstraction;* elle est d'une nécessité incontestable. Les fluides impondérables sont des abstractions. Nous comprenons leur existence par leurs actes; mais leur essence, voilà ce qu'on ne peut expliquer. Personne ne nie cependant l'électricité, le magnétisme, le calorique, etc.

Est-il une science qui ne soit pas obligée, pour s'établir, de se servir de l'abstraction?

Prenons les mathématiques pour exemple; sont-elles autre chose qu'une suite d'abstractions? Tout le monde ou à peu près les comprend, et cependant dans cette science, à chaque pas, les suppositions surgissent.

Nous croyons qu'il est impossible de nier l'abstraction en médecine. Si on ne veut admettre que ce que l'on touche, c'est-à-dire des organes formant des appareils, on sera obligé de comparer l'homme à une machine très-compliquée et d'une admirable facture.

Supposons un moment que nous nous trouvions en présence d'une machine quelconque, nous en admirerons tous les rouages, nous comprendrons sa force et son action, si on nous en explique le mécanisme, et surtout si nous voyons la puissance en dehors d'elle qui commande à tous ces rouages et les met en mouvement.

Que cette puissance vienne à manquer, la machine continuera peut-être à se mouvoir un certain temps, obéissant à sa première impulsion; si rien ne la règle, elle ira se briser contre quelque obstacle, qu'elle ne sait ni prévoir, ni surmonter.

Nous venons de comparer l'homme à une machine; nous touchons ses bras, nous touchons ses mains, etc. etc.; nous le voyons agir et subir des influences multiples. Qui est-ce qui régit tous ces mouvements et les coordonne? Nous ne le voyons pas, nous n'y touchons pas, c'est vrai, mais nous comprenons qu'il existe. *Voilà l'abstraction.* En effet, il faut bien quelque chose qui domine l'ensemble, il faut bien des forces supérieures; ce sont ces forces que nous allons signaler, en nous efforçant de démontrer leur existence par leurs actes.

Et d'abord les deux forces qui dominent la vie, ce sont le *principe vital* et la *puissance organique.* Elles tiennent tout sous leur dépendance. La résultante de ces deux forces réunies forme un ensemble harmonieux, mais périssable, qu'on appelle la vie.

Ces deux forces sont étroitement unies, le principe vital tient sous sa dépendance la puissance organique, qui elle-même régit les organes et les domine de haut.

On peut considérer le *principe vital comme un être supérieur à la matière, comme une unité qui, en imprimant des propriétés spéciales à l'organisme, en régularise les forces multiples.*

«Le principe du mouvement et du sentiment dans l'homme vivant ne peut être conçu comme un résultat mécanique de l'organisation.....» (1).

Mais il se présente une question bien importante, celle de savoir si le principe vital est inhérent à l'individu, ou s'il possède une existence propre complétement en dehors de lui.

Barthez semble croire que le principe vital a une existence indépendante de celle du corps qu'il anime; cependant il avoue que ce qui semble le plus naturel est de croire que *le principe vital, quoique différent des principes mécaniques connus, peut de même n'avoir point d'existence séparée de celle du corps qu'il vivifie.*

La puissance organique est cet ensemble de propriétés générales et spéciales, qui ayant contribué matériellement à la perfection de la

---

(1) Barthez, *Nouveaux éléments de la science de l'homme,* t. I, p. 84.

fonction et de l'appareil, imprime à ces éléments des tendances natu-
relles qui, en déterminant l'intégrité de la vie, leur permet de réagir
plus ou moins énergiquement contre les agents de destruction.

La puissance *assimilatrice* n'est, comme on le voit, qu'une des expressions de la puissance organique.

La puissance organique se trouve sous la dépendance du principe vital, aussi bien que les organes se trouvent sous la sienne, aussi bien que certains organes sont tributaires d'autres organes d'un ordre plus élevé.

Nous venons de dire qu'il est des organes qui dans l'échelle dominent les autres ; nous voulons parler du centre nerveux.

Les maladies du centre nerveux sont multiples, et chacun sait combien elles retentissent au loin. Dans les inflammations, on voit survenir la fièvre, les vomissements ; les synergies sont troublées et quelquefois anéanties. Une simple céphalalgie peut amener l'embarras gastrique, et réciproquement l'embarras gastrique produit la céphalalgie. Considérez les symptômes de la commotion, de la contusion ou de la compression du cerveau ; quel trouble profond surgit dans tout l'organisme ! Un coup, une contusion sur un membre sont loin de provoquer les mêmes désordres. Cependant il faut dire que les mêmes accidents, frappant un organe de la vie végétative, retentissent plus directement et plus profondément sur le centre nerveux, etc. etc. Nous n'avançons, bien entendu, que des généralités ; il y a des exceptions déterminées par bien des causes : les constitutions, les tempéraments, les idiosyncrasies, les circonstances atténuantes ou adjuvantes, les diathèses, etc.

Nous venons de faire, sans les nommer, le tableau des *sympathies*.

Pour prouver complétement la prééminence du centre nerveux, il nous faudrait en faire ici toute la physiologie, et rappeler tout ce qui a été dit à ce sujet. Nous nous contentons de signaler le fait qui est parfaitement connu, ne voulant pas trop surcharger notre travail.

Le principe vital meurt avec l'individu. On comprend que cette force qui a tout à faire, au moment où elle dirige la création organique, finisse par s'affaiblir, et même on peut admettre que lorsqu'elle a consolidé son œuvre, elle se trouve comme dans un repos nécessaire au développement des efforts qu'elle sera obligée de tenter pour la conservation de l'individu. Mais elle se sent toujours de ses premiers efforts, et s'épuise forcément par suite de la continuité de la lutte.

« Dans le commencement, la force vitale est appliquée à un instrument rudimentaire et imparfait, au moyen duquel elle ne produit que des phénomènes obscurs ou irréguliers. A mesure qu'elle développe et perfectionne son instrument, elle s'use et s'affaiblit; mais, malgré son affaiblissement, elle produit des phénomènes plus sensibles, plus réguliers, au moyen de son instrument devenu plus parfait; c'est alors qu'elle paraît lutter avec le plus d'avantages contre les forces de la nature morte. On dirait d'une force appliquée à un levier, dans le double but de lutter contre une résistance, et de déplacer le point d'appui pour le rendre de plus en plus favorable à son action. A mesure que ce développement s'opère, la force, quoique affaiblie, agit dans de meilleures conditions; elle peut alors triompher plus complétement de la résistance, et produit des effets plus réguliers, quoique moins considérables » (1).

On pourrait objecter, à cette vue de la diminution de la force vitale avec l'âge, que puisque c'est une force préexistante et répandue dans la nature, elle doit toujours rester dans les mêmes attributions. Nous dirons que chaque individu qui naît détourne à son profit ce qui lui sera nécessaire de force vitale, et qu'à un moment donné, quand l'organisme aura usé de ses bénéfices, cette force subira le sort de toutes les forces, elle diminuera, puis elle s'éteindra.

Par exemple : vous venez de soulever un poids très-lourd, vous cherchez à le maintenir dans une position fixe; vous y arrivez par

____

(1) Barrier, *Traité pratique des maladies des enfants.*

de grands efforts, et il vient un moment où vous le laissez retomber. Pourquoi? Parce que la puissance musculaire, à son maximum au moment où vous soulevez le poids, va en diminuant progressivement, elle s'affaiblit peu à peu, et en dernier lieu s'épuise; et la preuve, c'est que si vous voulez user de votre bras après cet effort, il est aussi paralysé que quand la moelle a été lésée dans un point correspondant aux nerfs qui l'animent. Si après un repos suffisant vous reprenez cet exercice, vous arrivez à fortifier votre bras, parce que la circulation a été activée, et partant la nutrition. Mais n'abusez pas, car il vous arriverait ce qu'on remarque chez les bateleurs, une transformation graisseuse, et vos muscles disparaîtraient.

Tel sera le sort de la puissance vitale si vous en abusez; telle elle périra graduellement avec vous, épuisée par la lutte, au bout d'un temps déterminé.

D'ailleurs ce que l'individu détourne, à sa naissance, de principe vital, est une parcelle de cette force générale qui lui devient inhérente. Cette force répandue au dehors est infinie, et se renouvelle sans cesse sous l'influence de la puissance supérieure qui l'a créée; elle est spéciale, du reste, et suit la règle générale qui régit le globe; c'est le *substratum* d'une force supérieure, de même que la puissance organique est le *substratum* du principe vital.

Du reste, si l'on examine les autres forces dont l'essence nous est inconnue, le magnétisme, par exemple, ne verrons-nous pas cette force si énergique s'atténuer par l'emploi même de sa puissance et disparaître?

Ainsi nous croyons que le principe vital est moins énergique pendant la période d'état de l'individu que pendant l'enfance.

Nous admettons la préexistence du principe vital, en tant que force supérieure et occulte, qui retentit directement du germe créateur sur le germe créé. Nous avouons que cette idée est encore plus abstraite que l'abstraction même de la présence d'un principe vital, mais nous reconnaissons notre impuissance à l'expliquer; par le fait, il ne nous paraît pas que cette création soit plus étrange que celle de la transformation d'une gouttelette d'un liquide défini, au bout d'un certain temps et dans de certaines conditions, en un être aussi compliqué que l'est l'homme. Cette transformation inouïe nous semble même étayer notre opinion ; car enfin il faut bien admettre une puissance supérieure, de laquelle nous ne pouvons approcher, pour présider à cette œuvre admirable de la création. Nous dirons avec Burdach : « Ce qui, d'un côté, produit les rapports mécaniques, et, de l'autre, les subordonne à un but spécial, de manière que l'organisation se montre comme un mécanisme et en même temps comme un être vivant, ce qui détermine ou enchaîne des composés déterminés, de manière que le corps organisé apparaît tant comme un extrait chimique de la planète que comme une matière particulière, doit être une modification spéciale des forces de l'univers, et nous lui donnons le nom de *force vitale*. Cependant cette force vitale elle-même ne peut point être étrangère aux forces de l'univers ; elle doit avoir la même origine qu'elles, et être, comme elles, une révélation de l'esprit infini du monde. Dès qu'il s'agit de porter nos regards sur l'origine de la vie, nous ne pouvons ici ignorer la cause suprême et première, comme on l'a ignorée dans un passé auquel semblent appartenir encore quelques retardataires de notre époque. » (*Phys.*, t. IV, p. 152.)

Ainsi donc, en résumé, nous admettons un certain nombre de forces, dont la synergie d'action constitue la vie, et qui sont dominées par une force supérieure qu'on appelle *principe vital*. Toutes les parties de ce tout sont dans une solidarité telle, que la lésion ou la destruction de l'une d'elles entraine la chute de l'harmonie et détermine la maladie.

On trouve des individus dont la constitution organique est admirable, et qui manquent de principe vital : la plus faible atteinte les renverse ; d'autres au contraire, de chétive nature, le possèdent à un degré très-prononcé : il semble qu'on ait voulu mettre là cette force, cette énorme puissance, pour protéger leur triste constitution. La mort de l'individu peut arriver directement par celle du principe

vital ; c'est ainsi que l'on peut expliquer la cessation de la vie sans
lésion à l'autopsie. Dans ces cas, les *forces radicales*, pour me servir de l'expression de Barthez, sont abolies, forces qui , si nous
avons compris cet auteur, sont le *substratum* du principe vital. On
meurt par les organes , ceci est incontestable ; mais il est impossible
de séparer le principe vital des organes. S'il nous est permis de reprendre la comparaison que nous avons faite précédemment , nous
dirons : Que ferait le régulateur d'une machine si un des rouages
était détruit? Si elle n'était pas complétement arrêtée , son action
serait au moins fortement troublée. Les organes sont au service du
principe vital ; eh bien ! si l'organe est altéré ou complétement détruit, il ne pourra rien faire. Il y a le même rapport entre le principe
vital et les organes qu'entre ces derniers et la fonction. Si dans un
des appareils du corps il y a un seul élément altéré , la fonction
s'en ressent plus ou moins , suivant le degré d'altération ; si le mal
est considérable, la fonction meurt. Il y a réciprocité entre ces deux
éléments, principe vital et organe ; mais le premier est plus fort que
le second : il peut résister plus énergiquement, il lutte même longtemps avant d'abdiquer son empire.

MM. Trousseau et Pidoux (1) ont bien fait sentir la nécessité de
l'unité vitale dans le tableau suivant :

« Supposons un homme pusillanime saisi tout à coup d'un effroi
profond à la vue de quelque objet qui menace ses jours , et, pour
charger davantage la situation , admettons que cet homme est à
jeun , affaibli par le besoin d'aliments.

« C'est une expression consacrée : *être glacé d'effroi.* Ainsi donc
soudainement la vie est attaquée dans son signe le plus caractéris-
tique, la calorification spontanée. Remarquons que ce n'est que con-
sécutivement à la dépression de quelque fonction spéciale que la
réfrigération s'est fait sentir. Un instant indivisible a, dans certains

---

(1) *Traité de thérapeutique.*

cas, confondu la cause et son effet, et plus d'une fois cet effet a été
la mort. Cette mort ou, pour ne pas aller plus loin, le froid et la syncope instantanés de la peur, par quoi ont-ils été précédés? est-ce par
une affection du cerveau, du cœur ou du poumon? Lequel des trois
est le premier tombé en résolution et a entraîné le collapsus des autres? Mais il n'y a pas eu d'agonie; car l'agonie est un combat, et
ici le premier coup a été mortel. Ce n'est pas telle fonction spéciale,
primitivement abolie et dont le maintien soit indispensable à l'action des autres, qui a suspendu celle-ci par son arrêt; c'est quelque
chose de plus que la cessation subite de l'action d'un organe quelque important qu'il soit, c'est la cessation du rapport général ou de
l'ensemble, la rupture de l'unité entre les grands centres vitaux.
Cette unité n'a guère d'autre siége que l'organisme entier; mais,
s'il fallait lui en assigner un, ce serait, pour nous, le nerf trisplan-
chnique, c'est lui qui nous paraît atteint par les causes dont nous
venons de parler.

« Que la trachée-artère soit tout à coup oblitérée, qu'une des cavités du cœur vienne à se rompre subitement, qu'une luxation rapide
de l'atlas sur l'axis détermine une compression instantanée du bulbe
rachidien : voilà la mort directe par le poumon, le cœur ou l'encé-
phale. Mais, qu'un individu soit étendu sans vie par un coup violent
reçu sur la région épigastrique, indépendant de toute lésion appré-
ciable d'organisation, ou que le même effet soit produit par l'an-
nonce d'une nouvelle funeste (et dans ces deux cas le mécanisme est
le même), nous dirons que la vie, que le principe vital de l'homme a
été atteint dans sa source, qui n'est ni au cœur, ni au poumon, ni
au cerveau..... Revenons aux effets primitifs de la peur. Ce froid
glacial est intéressant à observer, car nous le retrouvons au début
des maladies malignes les plus graves et les mieux caractérisées.
Que les modernes partisans de la théorie chimique et mécanique de
la calorification, que ceux qui attribuent la cause de toute chaleur
organique à la formation du gaz carbonique dans les poumons, au

roulis des globules sanguins, aux combinaisons chimiques de la nutrition, que ceux-là viennent donc mesurer leurs théories avec le fait
que nous étudions.... »

Nous avouons notre grande admiration pour les esprits qui ont
écrit cette page, et cependant nous ne pouvons nous empêcher de
les trouver un peu trop exclusifs. Lavoisier a raison à un certain
point de vue, et les chimistes aussi. La théorie chimique est incom-
plète, et M. Gubler, dans le cours de pathologie générale qu'il a fait
à la Faculté de Médecine, 1858-59, a cherché à la perfectionner en
faisant intervenir des conditions organiques. Voici en deux mots la
manière de voir de notre savant maître : « La chaleur animale dérive
de la combustion respiratoire, mais toute la force mise en jeu par
cette combustion n'apparaît pas sous forme de chaleur ; une partie
devient de la force nerveuse, de la force musculaire, lesquelles, à
leur tour, peuvent instantanément reproduire de la chaleur, sous
l'influence de modifications physiologiques ou morbides de l'économie. En définitive, la combustion respiratoire est la source de toute
force, et conséquemment de toute chaleur dans les appareils vi-
vants.

Cette théorie n'infirme en rien ce que nous avons développé précédemment ; l'organisme a le droit de se servir de tout ce qui peut
l'aider à le soutenir, seulement il n'a pas le droit de le faire sans
un contrôle supérieur.

Un fait moins concluant peut-être et surtout moins frappant, ce
sont les transformations organiques si fréquentes et si multipliées
dans l'existence. Ces transformations se font aux dépens du suc
nourricier, c'est-à-dire aux dépens du sang, cela est parfaitement
vrai ; elles frappent les organes de bien des manières différentes : ici
il se fait de la couenne, là de la fausse membrane, d'un autre côté
du tubercule, ou bien du cancer, ou bien du tissu fibreux, etc. etc.
Il est évident que l'idiosyncrasie doit être prise en grande consi-
dération, mais cette idiosyncrasie est sous la dépendance d'un principe qu'on ne peut saisir. Il est impossible de nier là le manque de

synergie entre les divers éléments vitaux. Mettons de côté l'hérédité, les tempéraments qui peuvent favoriser ces déviations, qui ne sont que les résultantes d'états préétablis, nul doute qu'il a bien fallu que cet état de choses ait commencé à un moment ou à un autre.

On conçoit très-bien qu'un organisme en crée un autre semblable avec ses défauts et ses qualités; mais, quand il n'y a pas d'hérédité à invoquer, pourquoi tel individu fait-il du tubercule, tel autre du cancer, etc., là est la pierre d'achoppement. Tout a sa raison d'être ici-bas, et trop souvent, il est impossible de juger les principes supérieurs. Le principe vital existe pour nous d'une manière aussi frappante que tous les autres principes qui nous entourent et que nous ne pouvons saisir. Nous l'admettons sans connaître son essence, en déplorant notre impuissance, mais nous ne pouvons méconnaître sa présence, parce que nous assistons à tous les actes tangibles qui sont sous sa dépendance.

Nous arrêtons là cette introduction, à laquelle il manque bien des choses, regrettant d'avoir été limité; mais nous n'avons pas voulu entrer dans les détails de notre thèse, sans faire d'abord l'aveu de nos tendances médicales.

I.

Il ne faut pas se hâter de considérer comme une maladie tous les phénomènes qui surgissent dans l'organisme des enfants. Un très-grand nombre d'indispositions ne sont que des symptômes qui accompagnent le développement physique, et se rattachent à ce travail important que l'on ne doit pas entraver, mais seulement diriger convenablement. Il ne faut pas oublier que, dans l'enfance, l'accomplissement normal des fonctions comporte souvent de l'irrégularité, un défaut d'harmonie et d'équilibre ; mais, tant que cette irrégularité ne dépasse point certaines limites, il ne faut pas trop se presser d'y voir un état morbide qui réclame des moyens actifs de traitement.

(BARRIER, *Traité pratique des maladies des enfants.*)

On peut diviser la vie en trois périodes :

Première période ou d'*accroissement*, deuxième période ou d'*état*, troisième période ou de *déclin*.

La première période sera le but de cette thèse, nous réservant de l'envisager sous un certain point de vue.

Nous avons fait notre première division d'une manière très-générale, comme on peut le voir (*première période* ou *d'accroissement*); il nous reste à subdiviser maintenant cette période d'accroissement.

Les divisions faites jusqu'à présent sont nombreuses. Stahl, dans son travail *de Morborum œtatum fundamentis* (1), décrit ainsi la période d'accroissement.

---

(1) *Morborum œtatis appellatio*, cap. 1.

«Infantia primos septem annos ætatis habet, pueritia, secundos,
«ad decimum quartum. Adolescentia tertium septenarium cum dimi-
«dio, quod pertingit ad vigesimi quinti anni medium. Hoc vero
«ætatis tempore, sensibiliter adolescere, seu succrescere in longum
«et latum, homo fere remittit.»

On voit qu'il pousse la période d'accroissement jusqu'à la vingt-
cinquième année.

Hufeland (1) ne s'occupe que de la période d'accroissement de
l'enfance. Il la divise en trois périodes essentiellement différentes.
La première s'étend depuis la naissance jusqu'à la première dentition, c'est la période la plus créatrice, mais aussi la plus meurtrière,
elle se termine par la grande crise de la dentition qui amène l'entrée dans une nouvelle vie intellectuelle. La deuxième comprend depuis l'éruption des dents jusqu'à la septième année; c'est la fin de
la génération, il y a plus d'équilibre, beaucoup moins d'aptitude aux
maladies. La troisième période commence à la septième année, et
se termine à la quatorzième. Suivant cet auteur, la septième année
pose une limite fort remarquable. Du reste, cette troisième période est une des plus favorables à la santé, celle pendant laquelle
il meurt le moins de monde.

On voit que cet auteur s'arrête à la quatorzième année, parce
qu'il ne s'occupe que des maladies de l'enfance; il néglige avec in-
tention les autres périodes de développement pendant lesquelles,
comme nous espérons le démontrer, s'accomplissent des phénomènes
d'accroissement bien remarquables. Nous ferons voir, par une de
nos observations, qu'il existe, pendant la troisième période d'Hufeland, des phénomènes curieux d'accroissement, qui pourraient, à
notre sens, devenir funestes.

M. Richard (de Nancy) (2) envisage la période de développement

____

(1) *Manuel de médecine pratique.*

(2) *Traité pratique des maladies des enfants.*

de l'homme de plus haut. Il part de la vie intra-utérine, et arrête d'une façon générale cette période à 18 ans. Il considère le développement au point de vue simplement de la taille.

MM. Rilliet et Barthez (1) ne s'occupent aussi que de l'enfance proprement dite, qu'ils font terminer par la mise en action des organes génitaux.

« L'accroissement est incessant, disent-ils, mais il n'est pas régulier. A certaines époques il se fait avec plus d'activité qu'à d'autres et porte spécialement sur certains organes ; *cette excitation momentanée n'est pas toujours sans danger.* »

M. Barrier, comme Hufeland, ne s'occupe que des maladies de l'enfance proprement dite, il fait également trois périodes. La première s'étend de la naissance à la fin de la première dentition ; la deuxième s'arrête à 7 ans ; enfin la troisième s'étend de 7 à 14 ans. « C'est pendant ce laps de temps que l'on jouit de la meilleure santé, et que la mortalité est la plus faible. »

Nous adopterons dans ce travail la division de Stahl, parce que nous n'avons, à vrai dire, qu'à citer quelques faits particuliers, qui sont, selon nous, des phénomènes d'accroissement, et que par conséquent nous devons poursuivre le développement jusqu'au moment où il cesse, c'est-à-dire quand l'homme est arrivé à sa période d'état.

Ainsi donc nous dirons : période d'accroissement, comprise entre la naissance et la vingt-cinquième année.

Subdivisions : *enfance,* depuis la naissance jusqu'à 7 ans ; *jeunesse,* de 7 à 14 ans ; *adolescence,* de 14 à 25 ans.

---

(1) *Traité clinique et pratique des maladies des enfants.*

II.

Chacun a entendu dans le monde ou durant ses études cette phrase : *c'est une maladie de croissance.* Quest-ce donc qu'une maladie de croissance? Pour nous, cette dénomination avait jusqu'à présent toujours été très-vague.

L'année dernière, notre excellent maître, M. le Dr Gubler, s'est servi de ces expressions pour caractériser un état très-singulier, dans lequel s'est trouvée une jeune fille placée dans son service, à l'hôpital Beaujon, et dont nous racontons plus loin l'observation prise avec beaucoup de soin. Nous avons cherché à nous rendre compte des phénomènes qui se passaient devant nos yeux, et c'est alors que, ne sachant quel nom donner à cette affection protéique, nous avons demandé à M. Gubler, auquel nous avions entendu prononcer les mots de maladie de croissance, ce qu'il entendait dénommer ainsi. Notre savant et excellent maître nous a donné des explications qui ont fixé nos idées, et c'est sous son inspiration uniquement que nous publions aujourd'hui ce travail.

Voici donc ce que nous entendons par maladies de croissance.

DÉFINITION. — *Par maladies de croissance, nous ne voulons pas dire les maladies qui se montrent pendant l'évolution, et auxquelles l'âge imprime un cachet particulier, mais nous entendons les affections qui sont directement le résultat de l'accroissement trop rapide ou mal réglé soit des appareils, soit des organes.*

On voit par notre définition même toute l'étendue de notre cadre. Ainsi nous disons : l'accroissement trop rapide ou *mal réglé* des *appareils.* Nous insistons sur le mot *appareils,* parce qu'en effet l'appareil circulatoire et tous ses éléments occuperont une large part dans ce travail; son importance est immense, puisque c'est sur lui que repose toute la nutrition, et certaines de ses déviations pourront entraîner, par leur empiètement sur les autres éléments organiques, des arrêts de développement de parties d'organes. C'est ainsi que l'on verra le rachitisme occuper une place dans ce que nous appelons *maladie de croissance*, et cependant, au premier abord, on se sent porté à ranger cette maladie parmi les arrêts de développement. Nous développerons plus loin cette proposition.

III.

Considérations générales sur les modifications que subissent les organes pendant les deux premières périodes, c'est-à-dire depuis la naissance jusqu'à la seconde dentition.

Deux phénomènes bien importants viennent surprendre l'enfant à sa naissance. Pendant la vie intra-utérine, il a entièrement vécu aux dépens de la mère ; au moment où il vient d'être séparé de l'être auquel il a tout emprunté, il va s'avancer dans un monde nouveau qui renferme désormais toutes les ressources de sa future existence. Il lui faudra donc chercher dans ce monde tout ce qui doit lui être nécessaire, mais en même temps il lui faudra lutter contre les nombreuses sources de destruction qui vont l'assaillir.

Nous remarquerons tout d'abord la prévoyance de la nature, qui accommode les organes aux besoins de l'existence avec un ordre bien remarquable.

La respiration, la circulation, la digestion, et partant la nutrition, tout cela, pendant la vie utérine, s'est fait aux dépens de la mère. Les liens précieux de l'enfant à la mère sont tranchés ; comment va donc respirer l'enfant, comment va s'opérer la circulation, comment va-t-il se nourrir ?

Il faut qu'il trouve à l'extérieur ses éléments de respiration, et, comme la fonction doit s'établir d'emblée, l'organe est prêt ; aussi voit-on le poumon à son état complet de perfection : bien entendu qu'il est proportionné aux besoins présents ; si la quantité n'existe pas, au moins il y a la qualité. Ce qui se fera plus tard ne changera pas de structure ; les modifications porteront sur le volume.

La trachée-artère et les grosses bronches sont très-étroites pendant cette période ; cette disposition favorise singulièrement la non-pénétration de l'air dans le poumon, dans les cas où ses conduits tendent à s'oblitérer, par suite d'une production étrangère.

Si le poumon est complet à la naissance, il n'en est pas de même du cœur ; le trou de Botal et le canal artériel ne sont pas encore oblitérés complétement. Il peut arriver même que cette oblitération ne se fasse pas, si les phénomènes de développement ne s'opèrent pas régulièrement.

Voici quelles sont les vues ingénieuses de Richard (de Nancy) (1), sur ce point :

« Le cœur attend, pour se compléter, un des effets de la loi de la *rénovation organique,* qui doit substituer le poumon au placenta.

« Le placenta exerce sa puissance attractive par le trajet du tube aortique, et le sang y obéit, du cœur gauche par l'aorte, aussi bien que du cœur droit par le canal artériel.

« Mais, dès que le placenta disparaît et que le poumon entre en action, sa puissance attractive doit s'exercer par l'artère pulmonaire, avec une telle prépondérance, que rien ne peut passer des cavités droites du cœur aux cavités gauches, sans aller d'abord jusqu'à lui.

« Si son action est suffisante, le trou de Botal, le canal artériel abandonné, se ferment, sinon ils restent libres encore, » etc.

En général, le développement du centre circulatoire se fait très-rapidement. On remarque en effet, chez les enfants, l'impétuosité de la circulation, il faut que le suc nourricier circule très-rapidement, pour répondre au mouvement de composition et d'assimi-

---

(1) Ouvr. cité.

4

lation si prononcé à cet âge. Le sang est chargé en grande abondance de matériaux propres à la vie, sa plasticité est considérable et en rapport avec le mouvement nutritif.

Cette activité circulatoire, qui porte surtout sur le système à sang rouge, met tous les organes dans une turgescence énorme et continuelle. La production de ce phénomène nous est révélée à l'extérieur, par l'injection si prononcée de la peau chez les enfants, et à l'intérieur, par la coloration d'un rouge vif des muqueuses. Cette activité de nutrition explique la rapidité de l'accroissement prodigieux du corps pendant cette période.

Bientôt ce mouvement nutritif se ralentit peu à peu, l'accroissement est incessant, mais moins rapide, tout n'est plus réparti sur la masse, certains organes réclament leur quote-part. C'est alors que le principe vital dirige sur des points, comme désignés d'avance, toutes les puissances organiques. Nous arrivons maintenant au rôle du tube digestif dans cette accumulation de produits organiques.

A cette époque, la bouche n'est point encore munie de dents; les mâchoires, qui n'ont pas besoin de faire effort, ne sont pas développées : aussi l'alimentation est-elle purement liquide et empruntée encore à la mère; c'est ce qui a fait dire à Hufeland : « Le temps qui suit de près la naissance, toute la première année de la vie, peut surtout être considéré comme une continuation de la génération, une procréation dont la moitié s'accomplit au dedans et l'autre au dehors du corps de la mère. »

La fibre musculaire du tube digestif est en rapport avec la facilité de ses fonctions. Le système veineux abdominal est très-développé. Le foie est énorme, surtout par rapport à ce qu'il sera plus tard. Enfin la cavité abdominale n'est pas en proportion avec le reste du corps. C'est là que sont renfermés la plupart des matériaux de la nutrition, et l'on se rend assez facilement compte du volume du foie, si l'on songe que tout le système veineux abdominal traverse sa substance, pour entrer dans le torrent circulatoire ; il semble se trouver placé là, comme régulateur, entre le cœur et le système de la digestion.

Cet état anatomique et physiologique pourrait rendre assez bien compte de la localisation spéciale sur le foie de l'affection syphilitique. M. Gubler a appelé l'attention sur cette détermination morbide, dans un mémoire lu à la Société de biologie, le 21 février 1852; et en invoquant l'activité fonctionnelle du foie chez le fœtus pour expliquer sa prédisposition aux accidents tertiaires, il opposait l'immunité d'un organe qui ne fonctionne pas à cet âge. *Il n'y a pas de sarcocèle chez les enfants.*

Nous ne passerons pas sous silence le développement énorme du système lymphatique, et surtout la grosseur de ses ganglions.

Si le système veineux abdominal est très-développé, le système à sang rouge ne l'est pas moins; il est proportionné à l'accroissement rapide et si considérable des organes contenus dans la cavité abdominale. Les intestins augmentent en volume, en dimension; tous les éléments qu'ils renferment subissent un mouvement très-actif; les cryptes mucipares, les villosités, se multiplient, et la muqueuse qui les contient se met au service de ces organes, pour les envelopper de ses mille replis connivents.

Pour ne pas nous répéter, nous dirons que ce mouvement des éléments muqueux est général sur tout l'organisme, et nous pourrons plus tard en tirer des conséquences pathologiques très-importantes; nous voulons parler du catarrhe, maladie si fréquente dans le jeune âge.

Après avoir passé en revue tout ce qui appartient à la vie végétative, nous arrivons aux organes de la vie de relation.

La boîte osseuse chez l'enfant est disproportionnée au volume du corps; son ossification n'est pas complète à la naissance, et pour cause. Le crâne ne passerait pas à la vulve, et surtout au détroit supérieur, si le chevauchement des os ne pouvait se faire. A cet effet, on trouve les os réunis par des membranes, qui ont reçu le nom de *fontanelles*, et qui persistent quelque temps encore après la naissance.

La substance cérébrale est encore très-molle, il y a prédominance des lobes cérébelleux et des couches optiques sur les lobes cérébraux. Toutefois le cerveau participe à la turgescence de tout l'organisme, au point que sa couleur est extrêmement foncée et quelquefois même lie de vin. M. Velpeau insiste sur ce phénomène : on remarque déjà sur le fœtus le développement énorme du système circulatoire.

M. Gubler nous a fait remarquer que cette vascularisation excessive des centres nerveux chez les jeunes sujets paraît expliquer sa susceptibilité exquise, presque incroyable à l'endroit de certains agents qui, tels que l'opium, produisent des congestions dans ces organes, et leur résistance incomparablement plus grande à l'influence des agents contraires, comme la belladone et le sulfate de quinine.

On se rend facilement compte de l'importance de cette structure et combien elle peut avoir d'application en pathologie. La moelle suit la même voie que le cerveau, et l'on comprend cette puissance locomotrice de l'enfance, quand les membres ont pris de la consistance et que leur éducation est faite. Ce qu'un enfant fait de chemin en jouant est prodigieux.

Nous avons vu que les fonctions végétatives se manifestaient d'emblée avec une grande activité ; il n'en est pas de même de celles de la vie de relation. Elles s'accomplissent d'une manière moins ardente, les mouvements se produisent peu à peu, plus ou moins fréquents et réglés, les facultés intellectuelles et affectives se traduisent par certains actes adorables chez les enfants, l'expression du visage se prononce.

Nous arrivons maintenant à la première dentition. Les auteurs la considèrent comme une époque de transition. C'est à partir de ce moment que l'enfant va accomplir une fonction importante, la mastication. Dès lors il pourra se séparer de sa mère et emprunter ses aliments au monde extérieur.

Nous allons voir apparaître les premières dents. Et d'abord la dent croît entre les lames osseuses des maxillaires, elle prend toutes ses formes en volume, en dimension, etc., et ne se montre que plus tard au bord libre de la gencive. Le moment de cette apparition porte le nom d'*éruption dentaire*. Cette éruption ne se fait pas tout d'un coup, mais arrive graduellement. Tous les actes pathologiques qui se présentent alors sont sous l'influence de ce développement, et rentrent complétement dans notre sujet.

Le tissu cellulaire devient plus dense, la peau plus résistante; l'enfant sort de cet état d'empâtement, si nous pouvons nous exprimer ainsi, dans lequel il a été plongé jusqu'alors, les membres prennent de la solidité, l'intelligence se traduit par quelques actes, il sort de la vie végétative et va commencer une existence nouvelle tout à fait indépendante.

C'est à ce moment que le thymus et les capsules surrénales commencent à s'atrophier. Nous allons voir maintenant les phénomènes d'accroissement porter principalement sur la charpente osseuse et sur le système musculaire. Ce développement est beaucoup plus lent que celui des appareils de la vie végétative. En effet, ces derniers étaient d'une utilité immédiate pour assurer la vie ; là tendaient tous les efforts du principe vital pour diriger et régler les efforts organiques. Il se dévie un peu en ce moment, tout en surveillant sa première œuvre, œuvre fondamentale, et s'apprête à donner une nouvelle impulsion à ce qui est nécessaire pour compléter ce premier travail, et en assure précisément la persistance et la solidité.

Nous avons parlé précédemment de la prééminence de volume des cavités splanchniques sur les membres. Les bras ont une dimension proportionnellement plus considérable que les jambes : on comprend l'utilité de ce plus grand développement. En effet, ils sont d'un usage plus immédiat, puisqu'ils doivent servir à la préhension des aliments pour les porter à l'organe de la mastication ; l'enfant sait déjà un

peu manger par lui-même avant de savoir marcher. Du reste,
M. Béclard (1) donne une explication physiologique et anatomique
du fait; voici l'interprétation de cet auteur :

«En aucun point du système vasculaire de l'embryon, le sang ne
se trouve à l'état de pureté. Cependant le sang qui parvient aux
extrémités supérieures, quoique mélangé dans l'oreillette droite du
cœur avec une certaine proportion de sang veineux, est plus héma-
tosé que celui qui se répand dans les extrémités inférieures et dans
la partie inférieure du tronc. La tête et les extrémités supérieures,
en effet, reçoivent le sang des artères carotides et sous-clavières
avant la jonction du canal artériel, tandis que les extrémités inférieures reçoivent le même sang que celui qui est entraîné par les
artères ombilicales vers le placenta, pour être soumis à l'hématose.
Il en résulte que le développement des parties supérieures l'emporte,
au moment de la naissance, sur celui des parties inférieures du
corps. »

La structure propre des os se modifie considérablement, les éléments vasculaires commencent à diminuer, les parties solides apparaissent pour donner de la consistance à la charpente osseuse,
de façon que, lorsqu'ils vont agir, les muscles trouvent un point
d'appui sûr. Mais, je le répète, ce mouvement nutritif est toujours
lent; cependant il se fait plus vite chez certains enfants.

D'une façon générale, le mouvement d'accroissement se fait toujours en longueur; s'il est trop prononcé, il en résulte l'exiguïté en
largeur des cavités splanchniques. On peut voir par là les conséquences de ce phénomène. S'il porte exclusivement sur le thorax,
l'étroitesse de cette cage osseuse en sera le résultat, la poitrine pré-
sentera la forme en carène dont on connaît tous les inconvénients
en pathologie. S'il porte exclusivement sur le bassin et que le développement ne se fasse pas au moment de la puberté ou après elle,

---

(1) *Traité de physiologie* . 1042.

il amènera l'étroitesse de la ceinture osseuse et diminuera par conséquent les diamètres du bassin, dont les rapports exacts sont si
importants dans l'accouchement.

Les muscles à cet âge sont encore très-frêles, cependant leurs in-
sertions se déterminent d'une façon plus précise; les aponévroses
d'enveloppe et d'insertion se solidifient, les tendons augmentent de
volume et de force. Si les muscles n'ont pas un grand volume et ne
brillent pas par la quantité de leurs fibres, au moins se perfection-
nent-ils au point de vue de leur qualité. Du reste, ils n'ont pas besoin d'un volume bien considérable pour soutenir l'enfant ; mais il
faut qu'ils jouissent déjà d'une grande perfection de structure pour
répondre aux exigences de la locomotion, si active dans le jeune
âge. Voilà pourquoi nous insistons principalement sur leur qualité.

Il va sans dire que les vaisseaux chargés de la nutrition de ces
organes sont en rapport nécessaire avec leur configuration. La boîte
osseuse se solidifie, les fontanelles ont entièrement disparu, et la
substance cérébrale prend de la consistance; les circonvolutions se
dessinent, leurs sillons se creusent, et l'on voit disparaître la prédominance de certaines parties; tout se prépare pour l'ordre et la
symétrie. L'intelligence se développe d'une façon remarquable, et
l'enfant devient déjà apte à certaines études; il peut commencer à
apprendre à lire, à écrire, et à exercer sa mémoire.

On doit bien prendre garde d'exciter trop cet organe éminemment vasculaire, car il serait dangereux de stimuler outre mesure
les fonctions du cerveau, pour lequel surtout la précocité est funeste.

A la fin de cette période, les cheveux ont déjà pris un grand développement; mais les poils n'apparaissent que beaucoup plus tard
dans leur lieu d'élection. En un mot, toutes les fonctions se règlent,
et la turgescence des organes, encore très-vive, s'affaiblit peu à peu.
Les auteurs signalent ce moment comme un arrêt pour tous les phénomènes de croissance. La puissance organique semble reprendre

haleine pour se préparer à la lutte qu'il lui faudra soutenir à l'époque de la puberté.

Nous arrêtons ici cette description très-générale des phénomènes organiques, nous allons développer maintenant tous les actes pathologiques qui appartiennent aux deux premières périodes ; nous n'envisagerons toutefois que ceux qui sont sous la dépendance de l'accroissement trop rapide ou mal réglé des organes.

IV.

Manifestations pathologiques, à partir de la naissance jusqu'à la seconde dentition.

Nous venons de dire que nous envisagerions seulement les phénomènes morbides qui sont sous la dépendance de l'accroissement trop rapide ou mal réglé ; il nous faut donc éloigner de notre cadre toutes les affections spéciales de l'enfance, qui tirent leurs caractères propres de la structure même des organes.

Nous avons dit que tout l'organisme était régulièrement dans un état d'éréthisme continuel ; voyons quelle est la série de manifestations pathologiques qui sont sous l'influence de cet état congestif, s'exagérant et se fixant de préférence sur certains organes.

Nous commençons par la dentition, parce que c'est un des phénomènes les plus importants de développement chez l'homme. Ce développement se fait généralement d'une façon régulière, et, s'il est accompagné d'assez vives douleurs et de légers dérangements, il n'est pas, à proprement parler, très-dangereux. Malheureusement il n'en est pas toujours ainsi, et quand ce travail se fait trop rapidement ou bien d'une façon irrégulière ou difficile, il devient pour les jeunes sujets une cause bien fréquente de mort. Nous ne pouvons mieux faire que de rapporter ici textuellement la description d'Hufeland :

«Les effets de l'irritation dentaire sont de deux sortes : les uns locaux, les autres sympathiques. Les premiers sont : inflammation, tuméfaction, douleurs, salivation, trisme, quelquefois suppuration ou même gangrène. Les effets sympathiques sont : d'abord, et le plus fréquemment, l'irritation du canal intestinal, la diarrhée, même les déjections de sang par le bas (dysentérie dentaire), parfois l'obstruction du tube intestinal, l'iléus, l'irritation de la peau, des exanthèmes; celle de la poitrine, la toux, des accumulations de mucosités, la stertoration, celle des membranes muqueuses, l'ophthalmie, l'otorrhée; celle du système nerveux, des spasmes, des affections cérébrales. »

Certes, voilà un tableau bien chargé ; on y trouve presque entière la description de toute la pathologie de la première enfance. Lorsque l'on considère toutes les causes qui peuvent entraver ce développement, on se rend facilement compte des accidents qui peuvent amener la grande mortalité chez les enfants.

C'est pour cette première crise de l'enfance qu'on sent combien le régulateur général est important, pour maîtriser toutes ces actions impétueuses et désordonnées de la puissance organique.

Le catarrhe gastro-pulmonaire peut-il être considéré, dans certains cas, comme un phénomène de croissance? Oui; car, si nous éliminons toutes les causes qui peuvent déterminer le catarrhe en dehors du mouvement circulatoire, nous arriverons à admettre cet élément comme pouvant directement amener l'état catarrheux.

Voici l'interprétation de M. Barrier (1) à ce sujet :

«L'activité des sécrétions perspiratoires et folliculeuses détermine et entretient, dans la membrane gastro-pulmonaire, un état particulier de la circulation capillaire qui devient secondairement cause de catarrhe et surtout de phlegmasie; cet état n'est autre chose

______

(1) Ouvr. cité, t. I, p. 84.

5

qu'une congestion habituelle qui, dans un temps donné, met une plus grande quantité de sang en contact avec les organes destinés à en séparer les liquides nécessaires à l'accomplissement des fonctions dont la muqueuse est chargée.....» Et plus loin : «Il est probable que cet état de la circulation capillaire résulte aussi de la prédominance de l'appareil vasculaire à sang rouge, qui est évidente dans les capillaires des téguments internes, même à une époque où ces téguments n'ont pas encore fonctionné, c'est-à-dire chez le nouveau-né; il résulte encore de ce travail d'accroissement, qui se montre, pendant tout le premier âge, avec une grande énergie dans les organes digestifs. »

Nous voyons donc la croissance pouvant déterminer ce phénomène morbide; que sera-ce donc quand cette cette croissance sera très-exagérée? Chose digne de remarque, c'est que le catarrhe est une maladie propre à l'enfance et à la vieillesse. D'où vient cette similitude? Nous avons dit que l'enfance était très-favorable aux congestions actives, et que ce mouvement circulatoire déterminait à lui seul le catarrhe. Eh bien, les vieillards sont très-exposés aux congestions passives; par cela même que les fonctions languissent, la circulation s'entrave facilement par la moindre cause, et cette stase sanguine produit le catarrhe. Mais, comme les congestions passives se limitent facilement, l'affection catarrhale se circonscrit mieux que chez les enfants. En résumé, nous voyons, à ces deux termes extrêmes de la vie, l'élément circulatoire produire les mêmes effets avec un mode d'action différent. Nous remarquerons cependant que chez les enfants (et cela est une conséquence même de la manière d'être de la cause), le catarrhe prend généralement la forme aiguë, tandis que chez les vieillards, la forme chronique prédomine. Cette forme chronique toutefois n'est pas exclue de l'enfance; mais elle est presque toujours sous l'influence de l'hérédité ou du tempérament. A l'appui de ce que nous avançons en dernier lieu, nous citerons un exemple qui n'aura peut-être pas une grande autorité, parce que nous avons négligé de prendre l'observation en détail, et que nous vivons seulement de souvenirs.

Une dame très-lymphatique présente, dès l'enfance, des phénomènes obscurs d'affection catarrhale des fosses nasales ; je dis obscurs, parce que le diagnostic a été longtemps méconnu par des hommes très-haut placés dans la science.

M. Gendrin en fit le diagnostic exact il y a cinq ou six ans, alors que l'affection avait pris un caractère général. Le catarrhe était à l'état chronique, bien entendu, avec, de temps en temps, quelques manifestations aiguës, soit du côté des fosses nasales, soit du côté des intestins. Cette dame a deux petits enfants : l'un âgé de 5 ans, et l'autre de 2 ans et demi. Le premier de ces enfants fut pris, il y a trois ans environ, des mêmes symptômes que la mère (coryza et diarrhée), très-intenses, et ces phénomènes prirent rapidement le caractère chronique. Le second de ces enfants, indemne jusqu'à la première dentition, a ressenti, après cette période, les mêmes symptômes, ayant exactement le même caractère.

Le traitement tenté pour la mère n'a guère eu de résultats ; il n'en a pas été de même pour les deux enfants, et surtout pour le second, qui a été délivré plus vite de cette affection. On se rend facilement compte de ce qui est arrivé, en considérant les âges de ces diverses personnes et le moment où le traitement a été institué.

Nous concluons donc à la possibilité de la production du catarrhe directement, par l'accroissement exagéré ou mal réglé, en dehors de toutes les causes qui amènent cette manifestation pathologique ; mais nous ne voulons pas dire que ce soit un phénomène fréquent ; seulement nous pensons que c'est un élément de plus dans l'étiologie du catarrhe. Du reste, nous citons plus haut Hufeland, admettant parfaitement la dentition comme pouvant produire des manifestations catarrhales ; or c'est un phénomène de croissance que la dentition ; on peut donc bien admettre, on est même forcé d'admettre, que ce phénomène peut se porter sur d'autres appareils, même sur d'autres organes ; seulement l'action est plus manifeste.

Si le poumon est le siége principal du mouvement fluxionnaire, nous devrons nous attendre à rencontrer des congestions actives, et ce qui les suit ou les accompagne, les inflammations du parenchyme pulmonaire. Ce que nous venons de dire ne peut, nous le croyons du moins, s'appliquer qu'aux pneumonies lobaires.

Quand précédemment nous avons traité de l'anatomie du premier âge, nous avons dit que le poumon était entièrement formé, ou à peu de chose près, à cause de son utilité immédiate, à la naissance. On devra donc s'attendre, de ce côté, à un mouvement organique moins vif, puisque ce mouvement a eu lieu pendant la période fœtale. Cet organe sera donc moins exposé aux phénomènes actifs de croissance. Cependant, s'il arrive qu'ils aient lieu, l'action congestive se manifestera d'autant plus, que la position habituelle de cet âge est le décubitus dorsal, position favorable à la stase sanguine.

Cet état pathologique appartiendra donc à la première année, et il est une chose remarquable, c'est qu'à cet âge, cette forme de pneumonie est fréquente, tandis que la pneumonie lobulaire n'apparaît qu'après la première dentition.

Mais l'état catarrhal, que nous avons admis comme pouvant se produire sous l'influence de la croissance, amènera aussi des pneumonies lobulaires, qui ne viendront là que comme des phénomènes consécutifs.

Ainsi donc nous dirons : pneumonie lobaire pouvant être le résultat direct de la croissance; pneumonie lobulaire pouvant ainsi apparaître, mais simplement comme épiphénomène. Ajoutons toutefois que nous admettons parfaitement toutes les autres causes de pneumonies; la seule différence réside dans le début et la cause.

Nous croyons, de plus, que l'excès de nutrition venant directement de la crase sanguine déviée en ce lieu, poussé à un point extrême et persistant, peut amener des déviations organiques chroniques, telles que la tuberculisation. Nous verrons plus loin quels sont les effets de ce mouvement irrégulier se produisant sur les os.

Si le mouvement fluxionnaire se porte sur le cœur, que la nutrition soit exagérée, nous pourrons voir apparaître les hypertrophies et le défaut de rapport des valvules entre elles, voire même par le même mécanisme des inflammations, qui prendront, en apparence seulement, un caractère spécifique. Nous supposons que l'inflammation porte sur la séreuse : ce mouvement peut devenir général et se faire sentir sur les séreuses articulaires; alors la maladie prendra le type de rhumatisme articulaire aigu. Cependant l'étiologie sera bien différente ; nous ne voulons pas dire par là que l'enfance ne soit jamais atteinte de rhumatisme articulaire, c'est simplement un rapprochement, et voilà par quoi nous avons été conduit à cette déduction.

Nous avons entendu raconter à notre maître, M. le Dr Gubler, l'histoire d'un enfant atteint de tous les symptômes du rhumatisme articulaire aigu. Cet enfant avait eu précédemment, lors de la première visite de M. Gubler, un torticolis, à la suite duquel, à cause du mouvement de nutrition, qui se faisait à cette époque du côté des vertèbres cervicales, il était resté une incurvation de la tête. Notre savant professeur pensait que l'étiologie de cette déformation était rhumatismale, que la lésion des vertèbres était consécutive, et que, vu l'âge de l'enfant, on arriverait à rompre ce désaccord à l'aide d'appareils appropriés.

En effet, ce qui avait été prévu arriva, et le malade put recouvrer la mobilité à peu près normale du cou, ainsi que la position verticale. Pendant ce temps, il survint, du côté du cœur, des phénomènes très-actifs, endopéricardite très-intense, puis une hypertrophie considérable. Ces symptômes disparurent, moins l'hypertrophie, bien entendu. Enfin, une troisième fois, l'enfant fut repris d'endopéricardite, et, bientôt après, l'inflammation retentit sur les séreuses articulaires.

M. Gubler avait songé à la possibilité de ces manifestations articulaires, car ce n'était pas pour la première fois qu'il remarquait que, chez les enfants, l'inflammation des séreuses commençait par le cœur, phénomène facile à comprendre à cause du mouvement organique qui s'opère de ce côté. A cet âge, le cœur jouit d'une activité bien supérieure à celle dont il jouit quand l'homme est à sa période d'état. Du reste, il est d'observation que généralement, dans le rhumatisme articulaire aigu, l'inflammation débute par les articulations qui sont le plus en activité. Les professions dans lesquelles certaines articulations sont le plus en action nous démontrent ce fait chaque jour (Gubler, leçons cliniques). Il est donc facile de comprendre que la fougueuse activité du cœur, chez les enfants, donne prise sur lui de préférence aux premières manifestations du rhumatisme articulaire.

Nous croyons que ce fait peut rentrer dans les propositions que nous cherchons à établir dans notre travail, et que l'on peut aussi bien accuser dans ce cas l'irrégularité et l'impétuosité du développement que le vice rhumatismal.

Du reste, M. Gubler nous a dit lui-même que, durant cette phase pathologique, l'enfant avait beaucoup grandi.

Nous donnons plus loin l'observation d'une jeune fille de 10 ans et demi, qui se rapproche beaucoup du fait précédent. Cette enfant, comme on pourra le voir, présente des symptômes de rhumatisme articulaire, avec manifestations cardiaques ; elle est sensiblement sous l'influence d'un développement énorme, portant principalement sur les extrémités : 1 mètre 50 centimètres à 10 ans et demi ! Eh bien, à 5 ans et demi, au dire des parents, cette enfant, déjà d'une taille bien au-dessus de la taille normale, a présenté des phénomènes analogues, qu'on a dénommés rhumatisme articulaire aigu.

Nous remarquons que, dans ce dernier cas, les manifestations pathologiques ont débuté par les articulations, et que le cœur n'a été pris qu'ensuite, encore n'était-ce, du côté du centre circulatoire, que des phénomènes actifs momentanés. On ne peut, en vérité, se défendre de rapprocher ces mêmes symptômes, à cinq ans de distance, et l'on est autorisé à croire qu'ils étaient sous l'influence d'un accroissement exagéré. On pourrait, nous le pensons du moins, fixer ses idées, si avant de faire le diagnostic : rhumatisme articulaire aigu, on s'informait, à cette fin de savoir si l'enfant est dans une période d'accroissement très-prononcé. Nous ferons observer en passant que, quant à ces deux faits, nous n'affirmons rien, c'est une simple interprétation qui mérite bien un peu d'attirer l'attention.

Nous avons annoncé précédemment que le rachitisme serait considéré par nous comme une maladie de croissance; nous allons successivement expliquer nos motifs.

Nous avons expliqué comme quoi nous n'envisagions pas seulement la lésion de l'appareil, mais encore la lésion des éléments qui entrent dans la composition de cet appareil. C'est surtout le rachitisme qui nous servira à démontrer cette proposition. En effet, le rachitisme n'est autre chose que la prédominance du suc nourricier sur les autres éléments.

Revenons un instant sur la composition du système osseux d'une manière générale :

1° Sang amené par les vaisseaux qui rampent en grande abondance dans le périoste ;

2° Tissu osseux composé de sels calcaires, carbonates et phosphates ;

3° Cartilages tendant avec l'âge à s'ossifier.

« Les phénomènes de nutrition dont les os sont le siége peuvent être partagés en deux périodes bien distinctes : 1° pendant que l'os s'accroît ; 2° quand la croissance de l'os est terminée. Dans la première période, les os sont le siége d'un travail nutritif très-actif » (1).

Voici quelle est la définition que donne M. Nélaton (2) du rachitisme :

« En tenant compte des principales circonstances de son évolution, nous appellerons rachitisme une maladie générale, propre à l'enfance, qui, à la suite de quelques symptômes généraux précurseurs,

---

(1) Béclard, ouvr. cité, § 208.

(2) *Pathologie chirurgicale*, t. II, p. 120.

donne lieu à une altération du système osseux, qui se révèle par un gonflement anormal de plusieurs extrémités articulaires, et souvent aussi par des courbures dans la continuité des membres. C'est là le rachitisme tel que l'ont compris de nos jours MM. Rufz, Bouvier et J. Guérin, tel enfin qu'il est admis aujourd'hui par la généralité des médecins. »

Considérons maintenant l'étiologie du rachitisme d'après les auteurs.

M. Rufz considère le rachitisme comme une affection très-différente des scrofules. A l'appui de son opinion, il fait remarquer que le rachitisme est très-fréquent dans les trois premières années de la vie, tandis que la scrofule et la tuberculisation, deux manifestations identiques pour lui, ne se montrent qu'à partir de la cinquième ou sixième année.

Il est une chose bien digne d'attention, c'est que les rachitiques ne sont pour ainsi dire jamais tuberculeux.

« Les anciens croyaient qu'une grossesse entrave toujours la marche de la phthisie. M. Grisolle et quelques modernes, se fondant sur de bonnes observations, sont venus déclarer tout le contraire.

« Il est donc certain que la grossesse peut accélérer ou du moins laisser marcher la tuberculisation ; mais n'y a-t-il rien de vrai dans cette opinion qui lui attribue une influence atténuante et presque préventive ?

« Pour moi, je pense que nos devanciers n'avaient pas tout à fait tort, quand je considère que le rachitisme semble exclure les tubercules. J'admets en effet une sorte de *rachitisme normal* chez les femmes enceintes, me fondant sur les raisons suivantes :

« 1° Comme celles des rachitiques, leurs urines sont très-chargées de phosphates terreux ; le crémor désigné sous le nom de kyestéine en est en majeure partie formé. 2° Non-seulement leurs symphyses se ramollissent, mais les os du bassin semblent participer à ce changement de consistance chez certaines femmes, sans qu'aucun trouble fonctionnel avertisse le sujet ni le médecin de cette modification.

Mais, à l'autopsie, on trouve quelquefois (Follin) des couches osseuses de nouvelle formation sur le bassin. Ces ostéophytes ont été plus souvent remarqués et bien étudiés par MM. Ducrest et de Castelnau à la face interne des os du crâne.

« Ces productions sont pour moi l'indice d'un travail réparateur comparable à celui de la période de guérison du rachitisme. D'ailleurs les phénomènes de ramollissement du système osseux ne restent pas toujours latents. Pour être obscurs pendant la grossesse qu'ils accompagnent, ils n'en deviennent que plus évidents à la grossesse suivante, où l'on rencontre parfois, comme je l'ai vu, un tel rétrécissement du bassin, que l'issue d'un enfant à terme devient impossible là où un premier accouchement s'est effectué sans aucune espèce de difficulté. Enfin, dans quelques cas, la modification, que je considère pour ainsi dire comme physiologique, prend des développements si considérables, qu'elle constitue la maladie connue sous le nom d'ostéomalacie. » (Gubler, note communiquée.)

Pour Hufeland, « la cause fondamentale est la maladie scrofuleuse ; le rachitisme n'est qu'une modification spéciale de cette affection, une métastase qu'elle opère sur le système osseux, une maladie *scrofuleuse* des os. »

Voici l'opinion de M. Barrier : « Quant à nous, quoique l'identité de la cachexie tuberculeuse et de la cachexie scrofuleuse ne nous soit pas démontrée, nous pensons, d'après leur analogie, d'après celle que présente le rachitisme avec elles, et surtout avec la cachexie scrofuleuse, qu'il y a entre les effets de ces trois espèces de maladies des rapports assez intimes pour qu'on ne doive pas en faire des genres pathologiques essentiellement distincts. »

MM. Rilliet et Barthez ne séparent nullement le rachitisme de la diathèse scrofulo-tuberculeuse.

« Il n'est plus nécessaire maintenant de démontrer que le rachitisme n'est point une forme des scrofules, du cancer, etc., ainsi que quelques médecins ont tenté de l'établir » (Nélaton, ouvrage cité).

6

« La maladie, dit M. Grisolle, peut affecter les sujets de toutes les constitutions ; la plupart des enfants observés par M. Rufz étaient bruns et avaient le système pileux développé. »

On voit que toutes ces opinions sont contradictoires, et qu'il est difficile de prendre un parti. Toujours est-il que la lésion porte principalement sur la suractivité du liquide nourricier. Ainsi on distingue trois périodes au rachitisme. Une première période, caractérisée par la grande quantité de sang noir qui pénètre les os, et qui les remplit ; ce phénomène est surtout remarquable aux épiphyses ; du reste, il se manifeste partout : dans le canal médullaire, sous la membrane de ce nom, dans toute l'étendue du tissu spongieux, sous le périoste. La deuxième période est caractérisée par la transformation de ce sang en tissu spongoïde, suivant la définition de M. Guérin. Enfin la troisième période, toujours d'après le même auteur, est caractérisée soit par la transformation progressive du tissu spongoïde en tissu compact, ou *éburnation rachitique*, soit par la formation de cellules larges baignées dans un liquide huileux, ou *consomption rachitique des os.*

Cette maladie est accompagnée d'un état général, état qui a dû, on le comprend, facilement faire rapprocher le rachitisme de la scrofule. Pour nous, il est tout simple qu'une activité fonctionnelle portant sur certaines parties, et se faisant aux dépens de la crase sanguine, retentisse sur le reste de l'organisme et lui imprime un cachet particulier. Toutes les transformations, soit aiguës, soit chroniques, ne retentissent-elles pas d'une façon délétère sur les autres organes, et en quoi l'état général spécial qui accompagne le rachitisme est-il surprenant ? On a dit que cet état précédait les manifestations extérieures, mais il nous semble bien difficile de déterminer au juste le moment où commence le rachitisme, puisque c'est une affection qui porte sur le sang. Les premières manifestations nous paraissent occultes, et lorsque le rachitisme se traduit d'une façon visible, il y a déjà longtemps qu'il a débuté, seulement on ne s'en est aperçu que plus tard. Quand les membres d'un enfant se gonflent ou s'incurvent, il y a déjà longtemps qu'il est rachitique.

Nonobstant nous ne nions pas l'influence d'autres causes, telles que l'hérédité, le tempérament, la mauvaise hygiène, sur la production du rachitisme.

Nous arrivons maintenant aux affections encéphaliques qui sont sous la dépendance de la croissance.

En premier lieu, nous trouvons l'hydrocéphale aiguë, qui paraît être souvent un phénomène d'accroissement.

Ainsi, dans cette maladie, chose remarquable, le volume de la tête dépasse de beaucoup le volume normal ; de plus, les membres, qui ne participent point au travail, deviennent insuffisants à soutenir la masse céphalique. Il y a donc transport des phénomènes actifs de l'accroissement sur le système encéphalique. Si, par un traitement approprié, on parvient à ramener l'équilibre, le travail d'accroissement cessera de porter son action sur le cerveau, et l'on verra disparaître l'hydrocéphale aiguë. Nous croyons que les cas de guérison d'hydrocéphale aiguë n'ont lieu que dans le cas où la maladie est un phénomène d'accroissement.

(1) « En voyant ainsi l'hydrocéphale aiguë se mêler à tant de maladies diverses, on en conclut qu'elle est due à l'impuissance d'un cerveau d'enfant à régulariser les mouvements morbides de l'économie, et à la susceptibilité qu'il doit à l'activité de son propre développement. La physiologie a révélé depuis longtemps l'espèce de consensus qui existe entre tous les organes de l'homme. On ne s'étonne pas de voir une articulation douloureuse développer tout d'un coup la même douleur sur une autre articulation ; mais, chez l'enfant, où la vie dans le cerveau est montée au ton d'un développement si actif, avec quelle promptitude ne répond-il pas aux excitations morbides qui se développent dans d'autres appareils. Cet état

---

(1) Richard (de Nancy), ouvr. cité.

de choses explique pourquoi l'hydrocéphale vient surprendre par son apparition le médecin le plus habile au milieu d'une pleine sécurité.

« Il nous explique aussi pourquoi l'hydrocéphale est plus fréquente chez les enfants plus jeunes, » etc.

On voit par ces lignes que Richard (de Nancy) considère l'hydrocéphale aiguë comme pouvant être un phénomène de croissance, il fait remarquer que cette affection appartient surtout à la première enfance. Nous établirons, dans un des chapitres suivants, que lorsque le développement a lieu plus tard, ce même phénomène peut se produire, et l'observation que nous donnerons démontrera que c'est bien une maladie de croissance, car l'affection de notre sujet est protéique, se termine heureusement et d'une façon très-rapide sous l'influence du traitement. Nous croyons que d'autres affections encéphaliques, telles que la méningite, l'encéphalite, peuvent se produire sous la même influence, mais que les prédispositions ou l'hérédité peuvent leur imprimer une marche chronique ou spécifique. Nous avons fait remarquer, dans notre introduction, que les transformations organiques étaient sous des influences multiples, mais qu'elles avaient toujours pour point de départ la crase sanguine.

Nous venons de tracer la partie la plus saillante des phénomènes de croissance qui appartiennent à la période comprise entre la naissance et la seconde dentition ; nous sentons qu'il manque bien des détails, mais nous pensons qu'on pourra y suppléer facilement en se rappelant que nous avons cherché à indiquer quelques traits généraux auxquels on ramènera les cas particuliers. Les altérations diathésiques ne sont qu'ébauchées, parce que nous croyons qu'appartenant plus particulièrement aux périodes de la vie dont nous avons encore à parler, elles trouveront mieux leur place dans les chapitres suivants.

V.

Période comprise entre la seconde dentition et la puberté; actes importants de développement s'accomplissant pendant cette période.

Cette période est considérée, en général, comme une période de transition. Pendant ce temps, l'organisme semble se reposer des nombreuses fatigues que lui ont coûtées les manifestations multiples de la période précédente. En effet, à ce moment, les phénomènes pathologiques sont moins fréquents et moins dangereux ; la preuve, c'est que la mortalité est beaucoup moins grande. L'accroissement est moins rapide, et marche d'une façon moins anxieuse et plus régulière ; il se limite spécialement à certains organes moins directement utiles à la vie. La nutrition suit un progrès moins rapide, car la taille prend moins d'extension, et semble même rester pendant quelque temps à peu près la même. La seconde dentition arrive sans tous les inconvénients attachés à la première, elle se fait insensiblement sans grand retentissement sur l'organisme. Nous attirerons l'attention sur un phénomène pur d'observation. Nous venons de dire que pendant longtemps l'accroissement extérieur restait stationnaire, ou du moins se manifestait d'une façon insensible. Bien des enfants, toujours en général, car il y a beaucoup d'exceptions, paraissent devoir rester petits et n'acquérir jamais la taille qu'on leur verra plus tard si l'on reste longtemps loin d'eux. Eh bien, cette taille prend un nouvel accroissement, vers 14 ans environ, au moment où se produit un acte important, celui du développement des organes génitaux, celui de la puberté, en un mot. D'autres fois ce développement se produit avec une rapidité surprenante durant le cours d'une maladie aiguë.

« Les états fébriles survenant dans le commencement de l'adolescence impriment quelquefois une activité nouvelle à l'accroissement qui semble terminé depuis longtemps. C'est ainsi que des jeunes gens restés petits, comme cacochymes et mal développés, ont dû à des maladies pyrétiques un accroissement sur lequel ils semblaient ne plus pouvoir compter» (Gendrin, thèse de concours 1840).

Quand nous traiterons de la pathologie de cette période, nous entrerons dans quelques détails à ce sujet.

Les actes organiques de cette période portent donc principalement sur les systèmes osseux et musculaires, sur l'appareil encéphalo-rachidien, sur le système pileux, et surtout sur le système de la génération.

Le système osseux, dont l'ossification se fait déjà depuis longtemps, se solidifie de plus en plus, mais d'une manière régulière en général; nous citerons plus loin les exceptions. Chez les jeunes filles, le bassin prend un grand développement pour se préparer à contenir sans encombre les organes génitaux, dont le développement se fait surtout à l'intérieur de la cavité abdominale. Le contraire a lieu chez les hommes. Chacun sait la différence qui existe entre un bassin d'homme et un bassin de femme.

Les muscles se développent, bien qu'ils paraissent toujours très-grêles; mais cette gracillité est relative. En effet, les jeunes sujets, à cette époque de la vie, sont généralement très-maigres, l'accroissement en longueur étant toujours la règle. Cette maigreur n'est pas due au manque de développement des muscles, mais à la disparition de la graisse, qui ne vient plus combler les interstices celluleux pour donner aux formes cette rondeur qui caractérise la première enfance. Ce phénomène est très-général et se manifeste surtout aux environs de la puberté, où les enfants changent tellement à leur désavantage, qu'ils deviennent méconnaissables. L'activité de la fonction locomotrice est toujours très-prononcée, bien qu'elle commence à s'atténuer. Le besoin de sommeil n'est plus aussi grand, et le repos de la journée n'est plus nécessaire, à moins toutefois que les choses ne se passant pas régulièrement, et cette suractivité musculaire de la première enfance se continuant, il faille répondre aux mêmes exigences.

Les modifications de la peau ne sont pas bien sensibles à cette époque; seulement M. Gubler nous a fait remarquer, d'une manière générale, que cette sorte d'étui constitué par le tégument externe n'obéit que de loin au mouvement d'accroissement ou d'atrophie qui entraîne les autres organes. On dirait un moule inextensible et irréductible destiné à conserver la forme individuelle, malgré les variations incessantes du contenu. Quand l'accroissement du système osseux se fait trop rapidement, la peau, ne pouvant suivre ce mouvement d'expansion, se laisse déchirer et craqueler. Quand les muscles disparaissent à la suite de certaines paralysies prolongées, la peau ne revient pas sur elle-même, et du tissu graisseux s'accumule sous elle, pour la maintenir tendue et dissimuler les pertes de substances.

Le développement de l'organisme encéphalo-rachidien ne porte plus alors principalement sur les enveloppes osseuses qui restent stationnaires et se solidifient. En effet, on a remarqué, dans la période de la première enfance, la prédominance du volume de la tête sur celui des autres organes. Pendant la période dont nous nous occupons, les rapports se rétablissent entre la boîte osseuse et le reste du corps, mais le développement porte sur la substance cérébrale et sur ses enveloppes. Nous ne voulons pas dire que la substance augmente en volume, mais bien en qualité, elle se solidifie pour ainsi dire, et se prépare aux nombreux actes intellectuels et volontaires.

Pour ce qui est de la moelle, elle subit la même action, et si les mouvements sont moins nombreux, ils sont plus coordonnés, plus fixes et plus énergiques. La sensibilité se développe, non pas qu'elle ne soit très-prononcée dans la première enfance; mais elle prend un caractère mieux déterminé, les fonctions intellectuelles et affectives se manifestent, et l'enfant marche à grands pas vers ce que l'on a appelé l'âge de raison. C'est vers cette époque qu'on peut commencer l'éducation des enfants, en prenant toutefois de grandes précautions, pour ne pas fatiguer ces jeunes cerveaux encore incomplets. Combien les études trop suivies et trop sérieuses n'ont-elles pas de désastreux effets.

On voit bien souvent, et c'est une chose vulgaire que nous rappelons, de jeunes sujets, donnant les plus brillantes espérances durant leurs premières années, devenir plus qu'ordinaires dans leur adolescence, tandis que d'autres, chez lesquels l'intelligence semblait paresseuse ou arrêtée, deviennent des hommes illustres; les exemples fourmillent; sans compter les malheurs encore plus grands, qui peuvent arriver par suite de la trop grande activité cérébrale imprimée aux enfants, et qui, étant du ressort de la pathologie, trouveront leur place dans le chapitre suivant.

Nous arrivons à une période bien importante; nous voulons parler de l'établissement des fonctions génératrices, de la puberté. Les femmes sont beaucoup plus précoces que les hommes, et chez elles, cette fonction s'établit beaucoup plus tôt.

La première manifestation physiologique est l'apparition des poils sur les pubis. Ensuite viennent les règles et le développement des seins. Il est impossible de déterminer au juste l'époque à laquelle s'établissent ces fonctions, car elle est très-variable et sous l'influence de bien des causes. Pour en citer quelques-unes, nous mentionnerons les climats, les tempéraments, les constitutions, les états sociaux.

Dans les pays chauds, les femmes sont réglées à un âge moins avancé que dans les pays froids. Ainsi, d'une manière générale, dans les pays chauds, les femmes peuvent être réglées à 9 ans; dans les pays froids, elles ne le sont quelquefois qu'à 18 et même 19 ans. Les femmes sanguines sont plus précoces que les femmes lymphatiques, mais le tempérament nerveux a la prééminence. La constitution a aussi une grande influence, et les femmes vigoureuses jouissent plus vite que les autres de ce privilége. Nous avons dit aussi que les états sociaux avaient une influence; cela se comprend facilement, car on sait combien ils agissent puissamment sur la constitution.

Chez les hommes, ce n'est guère que vers l'âge de 14 ans que la puberté s'établit, et elle est placée, chez eux, sous la même influence que chez les femmes, seulement les organes génitaux se forment avant la fonction. Ainsi, ce n'est qu'après l'évolution de ces organes, que le sperme jouit de sa propriété fécondante. Mais à ce moment de développement des organes génitaux, il se fait du côté du larynx des modifications importantes et très-remarquables : l'organe de la phonation suit le même mouvement que les organes génitaux ; les cartilages, les muscles et les cordes vocales, prennent de nouvelles dimensions, et la voix paraît rauque à cause de l'air enfantin répandu sur tout le corps ; mais ce caractère, qui choque à ce moment, paraîtra naturel, quand tout dans l'individu sera dans un rapport exact.

Nous ne ferons pas ici la description ni la physiologie des organes génitaux, ce serait encombrer notre travail de détails anatomiques et physiologiques que tout le monde possède ; nous signalons simplement le fait d'accroissement qui caractérise la puberté, et nous dirons, en traitant, dans le chapitre suivant, des actes pathologiques, quelle peut être l'influence de ce développement sur la santé générale, quand il se fait d'une manière irrégulière.

VI.

Nous placerons au commencement de ce chapitre les quelques faits particuliers qui sont à notre connaissance, nous commenterons ces faits, en nous efforçant de les faire envisager comme des actes purs d'accroissement. A la suite de nos observations personnelles, nous placerons tous les phénomènes qui nous paraissent rentrer dans notre cadre et qui, à notre sens, appartiennent directement à l'accroissement.

Nous insisterons alors sur l'influence des diathèses qui doivent imprimer un cachet particulier au développement des individus. Nous démontrerons, nous le croyons au moins, que ce développement peut être lui-même le phénomène initial, ou la cause de ces diathèses.

La première de nos observations est celle qui nous a mis sur la voie. Les réflexions qu'elle nous a suggérées nous ont poussé à réunir et à interpréter tous les faits qui pouvaient être considérés comme des maladies de croissance.

OBSERVATION Ire. — *Maladie de croissance; phénomènes nerveux, gastriques, circulatoires. Chlorose; développement énorme de certains des organes de la génération, etc. etc.*

Est entrée à Beaujon, salle Sainte-Marthe, le 15 janvier 1859, service de M. Gubler, Julie C....., 18 ans, domestique, demeurant à Paris, née à Russe (Vosges).

Rien de bien intéressant du côté de la famille. Le père et deux frères se portent bien; mère asthmatique, ayant eu beaucoup de chagrins, morte à 50 ans.

Réglée à 15 ans; constitution sanguine; très-délicate dans sa jeunesse. Ainsi, à 10 ans, on lui en aurait donné 7 ou 8 au plus. A été prise, à 14 ans, de battements de cœur, qui ont duré jusqu'à l'année suivante, époque de l'apparition des règles. Très-abondantes les trois premiers mois, elles revenaient tous les quinze jours, et en duraient huit; leur abondance était telle, qu'elles prenaient les caractères d'une hémorrhagie. A partir du quatrième mois, elles ont pris une régularité qui ne s'est démentie qu'à l'âge de 16 ans. A ce moment, la menstruation se trouble, et l'on voit apparaître des saignements de nez très-abondants, précédés de congestions très-violentes à la face. Ce phénomène dure quinze jours environ. A la suite de ces épistaxis, la malade éprouva des étourdissements, avec tendance à la syncope, et des phénomènes gastriques, qu'elle appelle elle-même *défaillances d'estomac.* Elle s'est remise facilement et rapidement de ces premiers troubles en rapport avec la première apparition menstruelle, et jusqu'au mois de janvier 1859, elle s'est fort bien portée.

Le 28 septembre 1858, elle arrive à Paris, à l'âge de 18 ans et demi, encore tout enfant, à peine formée; mais, à partir de ce moment jusqu'à son entrée à l'hôpital, le 15 janvier 1859, elle s'est développée très-rapidement; les seins ont pris un volume considérable, à tel point que sa maîtresse la comparait à une nourrice. Le reste du corps est en rapport avec ce développement ; les jambes , les cuisses , et tout le membre supérieur, sont dans de justes proportions.

Le 9 janvier, elle a été prise de crampes d'estomac , de défaillances avec perte d'appétit, céphalalgie, constipation, fièvre très-vive, prenant assez régulièrement vers cinq heures du soir, et durant de une à deux heures, suivant l'impression de la malade ; douleurs dans les membres. A son entrée à l'hôpital , on constate des symptômes d'embarras gastrique. (Purgatifs répétés trois fois; huile de ricin, deux bouteilles d'eau de Sedlitz dans la même semaine.) Ces phénomènes gastriques, dont la durée est de huit jours , disparaissent, seulement il reste à la région épigastrique une douleur *exquise*. La moindre pression sur cette région déterminait un sentiment d'oppression , interrompant subitement la respiration. Durant quinze jours, ces phénomènes s'accompagnèrent de palpitations de cœur, revenant à des intervalles plus ou moins prolongés; anxiété très-grande, soupirs, bâillements prolongés , points douloureux sous le sein gauche et sur diverses parties du corps; bruit de souffle à la base du cœur et dans les carotides. Les règles ont apparu, et n'ont en rien modifié les autres phénomènes fonctionnels, seulement au lieu de durer huit jours, comme habituellement , elles n'ont duré que quatre jours. Comme la malade se plaignait de douleurs dans le ventre, douleurs semblant provenir de la diminution du flux menstruel, on cherche, sans y arriver, à le rappeler.

Au bout de quinze jours , à la visite du matin , on trouve la malade présentant un aspect typhique très-prononcé; langue sèche et fendillée, dents fuligineuses, fièvre assez vive , douleurs dans les membres, céphalalgie intense, anxiété, pas de diarrhée ni d'épistaxis. On commence , en présence de tous ces phénomènes , à craindre une fièvre typhoïde ; mais, au bout de deux jours, tous ces accidents disparaissent, et la langue redevient humide.

A quelques jours de là, à la visite du soir, la malade est dans un état d'excitation très-prononcé, la face est congestionnée, la respiration stertoreuse, battements de cœur, douleurs dans la région hypogastrique, points douloureux en diverses parties du corps , notamment sous le sein gauche, et au niveau de la crête iliaque gauche du même côté; suppression de l'expulsion des urines depuis la nuit. La malade est sondée, et rend 1 litre à peu près d'urine assez limpide , ne semblant pas avoir séjourné longtemps dans la vessie. Phénomènes hystériques très-prononcés pendant le cathétérisme. — Potion gommeuse avec 10 grammes d'eau distillée de laurier-cerise.

Le lendemain, les phénomènes nerveux ont disparu , la miction se fait régulièrement, la malade est très-calme.

Pendant le cathétérisme, nous remarquons que les poils du pubis sont très-peu abondants et très-courts. Les grandes lèvres ne sont pas plus développées que chez un enfant de 10 ans. Nous négligeâmes malheureusement de constater la présence de la membrane hymen, notre attention n'étant pas encore éveillée sur des phénomènes de croissance.

Quatre jours après, elle fut reprise d'accidents typhoïdes, analogues à ceux que nous avons décrits plus haut; ils persistèrent pendant huit jours; on crut réellement alors au début d'une fièvre typhoïde. L'inappétence fut plus prononcée cette fois que la première, et la malade refusa de prendre même du bouillon; mais, le neuvième jour, tout avait disparu, seulement il resta la même douleur épigastrique signalée précédemment.

Le 19 février, les règles apparaissent; elles vont peu à la fois. Douleurs lombo-abdominales très-vives, phénomènes sympathiques du côté des seins, malaise général très-prononcé. Les règles s'arrêtent dix-huit heures après leur début; on cherche à les rappeler (sinapismes à la face interne des cuisses; potion avec l'iodure de potassium). Pas de retour des règles, malgré la médication.

Le 23. Les seins sont douloureux, très-tuméfiés, et semblent prendre encore un nouveau développement. La malade, qui est restée huit jours sans parler de ce nouveau symptôme, souffrant de plus en plus, surtout le soir, jusqu'à pousser des cris, privée de sommeil, se décide à avertir le chef du service. M. Gubler constate : volume énorme des seins, douleurs très-vives, surtout à la pression, rougeur comme érysipélateuse. Il nous fait remarquer sur les seins des vergetures nombreuses, lie de vin, aussi caractérisées que sur les seins d'une femme qui aurait cessé de nourrir après avoir eu beaucoup de lait. Le mamelon excité se plisse sans se développer. Évidemment la peau, qui n'a point participé au développement de la glande mammaire, a cédé sous la pression de dedans en dehors de cet organe vivement hypertrophié par le mouvement organique. Les cuisses sont aussi examinées, et on les voit couvertes de vergetures, comme chez une femme qui a porté plusieurs enfants. Sur la face interne des genoux, on aperçoit quatre vergetures analogues à celles des cuisses, et perpendiculaires à l'axe du membre. Rien sur la cavité abdominale, qui a son volume normal; l'utérus n'indique aucun signe de grossesse.

Cet état persista jusqu'au 6 mars, époque à laquelle les accidents diminuèrent d'intensité; toutefois les seins restèrent assez douloureux, avec exacerbation de la douleur le soir; ils se tuméfiaient, et la malade était privée de sommeil. Il se joignit à cet état une névralgie dentaire du côté gauche, qui tourmenta beaucoup la malade, et qui apparaissait tous les soirs, vers cinq heures, pour ne cesser que dans le milieu de la nuit.

Déjà, à la fin de janvier, la malade avait eu une névralgie dentaire du même côté, *qui avait cédé instantanément au cathétérisme de la membrane du tympan!* Ces phénomènes avaient presque entièrement disparu vers le 10 au soir ; mais, le 11, au matin, nous constatâmes l'état suivant : face enluminée, langue sèche et rouge à la pointe, respiration très-précipitée, 44 respirations à la minute ; pouls à 96 et 98 ; inappétence ; douleur au creux épigastrique (une pilule de cynoglosse). L'examen des urines donne beaucoup d'acide urique ; légère coloration violette.

11 mars, au soir. Injection de la face, céphalalgie, douleurs dans les seins, langue très-sèche au milieu et rouge, un peu humide sur les bords ; pouls 98-100 ; 42 respirations ; douleurs dans les aines, suivant la direction du canal inguinal.

Le 12, même état.

Le 13. La langue est assez humide ce matin, les dents sont fuligineuses ; peu de fièvre ; constipation opiniâtre, pas de selles depuis quatre jours. — Bouteille d'eau de Sedlitz, par verrée d'heure en heure.

Le 14. Amélioration sensible. La langue n'est plus sèche ; la malade paraît sortir encore une fois de son état typhoïde.

Le 15. Langue sèche sur le milieu, humide sur les bords. Pouls à 82, respiration, 40. Sommeil tourmenté par des rêvasseries ; toujours de l'inappétence.

Le 16. La langue est humide ; pas de fièvre. La malade reprend l'état normal. Urines nerveuses, prenant une couleur rose de Chine par l'action de l'acide nitrique. Cette jeune fille, se trouvant très-bien, sortit au bout de quinze jours de l'hôpital sur notre conseil, les accidents n'ayant pas reparu.

On voit, d'après le récit de cette observation, qu'il semble impossible de mettre une étiquette sur cette affection protéique ; les phénomènes sont, pour la plupart, sympathiques. La croissance chez cette jeune fille a été tardive, puisque nous la trouvons jusqu'à l'âge de 15 ans encore tout enfant. L'apparition des règles est annoncée à l'âge de 14 ans par quelques phénomènes purement nerveux, nous le croyons du moins (battements de cœur) ; malheureusement les renseignements sont très-incomplets pour la période de 14 à 15 ans. A ce moment, les règles apparaissent avec violence, et ce n'est qu'à la quatrième époque menstruelle que la fonction se régularise : mais à 16 ans elle est prise d'épistaxis, et il est évident qu'à partir de

ce moment la constitution commence déjà à prendre le type nervoso-
sanguin, type qui se caractérise plus tard; les accidents durent
quinze jours et appartiennent à la chlorose, étourdissements, tendance à la syncope, phénomènes gastriques. L'accroissement ne se
produit alors que sur les organes génitaux, et, malgré ce premier
effort de puberté, les signes de l'enfance persistent chez notre jeune
sujet; ce n'est qu'à 18 ans et demi que, lors de son arrivée à Paris,
on la voit se développer très-rapidement. Le corps grandit en longueur et en largeur, les seins prennent un développement considérable, et c'est au mois de janvier 1859 que nous trouvons cette jeune
fille avec des symptômes d'embarras gastrique et de courbature. Ces
phénomènes disparaissent au bout de huit jours, mais laissent à leur
suite un état nerveux dont il est difficile de se bien rendre compte.
Il est évident cependant que ce sont là les phénomènes de la chlorose; mais sous quelle influence se produit cette affection? Si l'on
suit jusqu'au bout tous les détails de cette observation, on peut voir
que ces phénomènes se continuent; seulement, nous insistons particulièrement sur le moment où l'on s'aperçut des troubles du côté
des seins et des membres, troubles augmentant précisément alors
que la fonction menstruelle s'altère.

L'accroissement, pour nous, est la cause de tous ces troubles, et
les phénomènes gastriques et céphaliques auxquels nous avons as-
sisté à plusieurs reprises ne sont, aussi bien que tout le reste, que
l'expression de ce vif mouvement organique. Au commencement de
nos réflexions, nous avons insisté sur les phénomènes gastriques; on
était autorisé à ce moment à faire le diagnostic : courbature et embarras gastrique. Mais la réapparition des mêmes actes pathologiques
à plusieurs reprises infirme pour nous ce premier diagnostic, et
nous croyons pouvoir dire que ce n'était pas là ce qu'on appelle en
nosologie embarras gastrique, mais bien des phénomènes sympathiques de cet état d'accroissement, aussi bien que tous les troubles
que nous signalons.

On conçoit que ce désaccord entre les puissances organiques puisse déterminer ce singulier état; il y a une sorte d'ataxie provoquée par ces efforts irréguliers. L'harmonie a été détruite, et le temps perdu pour certains organes est difficile à réparer. La puissance organique se fixe donc forcément sur certains organes pour les développer, les autres en souffrent. Telle est, nous le croyons du moins, la cause de ces phénomènes sympathiques que nous avons signalés. Quand un appareil est malade, la résistance vitale y concentre sa force pour lutter contre les nombreuses chances de destruction qui l'assiégent; les autres appareils en souffrent, et nous pensons que là est la clef de bien des sympathies inexplicables. On sait que lorsqu'un organe est sous l'influence d'une suractivité inaccoutumée, il touche de bien près à la maladie. Eh bien! la croissance est une suractivité fonctionnelle, et si ce n'est à proprement parler et dans bien des circonstances une maladie, un effort de plus, et elle pourra rentrer dans le cadre pathologique. Voilà pourquoi nous nous croyons autorisé à appeler maladie de croissance certains troubles qui sont directement sous la dépendance du développement, quand, nous le répétons, ce développement est anormal.

A la fin de notre discussion, nous ferons remarquer l'importance de ces vergetures sur les seins et sur les cuisses. Chacun sait, en effet, qu'elles sont données généralement comme preuves d'une ou de plusieurs grossesses antécédentes. On sait toutes les conséquences des signes qui restent d'une grossesse, en médecine légale. M. Huguier a appelé l'attention sur les vergetures du bassin en dehors de l'état puerpéral, et, d'après ses observations, il a conclu de leur peu de valeur comme signe de la grossesse. M. Gubler, il y a dix ans, a signalé ce phénomène : non-seulement les vergetures manquent chez les femmes qui ont eu des enfants, mais il les a constatées dans le service de M. Bouillaud chez des sujets offrant une intégrité parfaite. Les hommes n'en sont pas exempts, lorsque le développement est très-rapide, ou quand ils prennent un embonpoint considérable. Personne, avant lui, n'avait songé à la possibilité de la formation de *craquelures cutanées* sur les seins en dehors de la montée du lait et par le seul fait d'un accroissement exceptionnel.

OBSERVATION II. — *Maladie de croissance ; manifestations articulaires.*

Est entré, le 13 décembre 1859, salle Saint-Louis, n° 20, service de M. Gubler (hôpital Beaujon), L..... (Louis-François), 26 ans, tailleur de pierre, demeurant à la Villette, né à Boudé-sur-Itou (Eure).

Cet homme, vigoureux, est d'un tempérament sanguin, d'une taille assez élevée ; tout petit jusqu'à l'âge de 14 ans. A cette époque, douleur commençant par l'articulation du pied, remontant et envahissant successivement toutes les articulations ; ces douleurs sont très-vives et lui font pousser des cris aigus. Perte complète de l'usage des membres ; réduit au décubitus dorsal ; grandi dans l'espace de six à huit mois de 0,50 à 0,60 centimètres. L'immobilité était telle qu'on était obligé de le faire manger ; le sommeil était empêché, le plus souvent, par la douleur ; appétit inégal prenant parfois de grandes proportions ; pas de fièvre ni d'accidents d'autre nature. La petitesse de son corps était telle que dans son pays on l'appelait *le Nain ;* toutefois il était très-vigoureux, les membres étaient bien proportionnés dans leur développement ; suivant son expression, il en rossait de bien plus grands que lui. Il était piqueur, et par conséquent presque toujours à cheval.

La douleur avait commencé par la cheville du pied, spontanément, comme nous le disions plus haut. Il allait chercher un cheval, lorsqu'il fut pris de cette douleur ; ses camarades le ramenèrent, et depuis ce moment il s'est alité : il était roide comme un morceau de bois (*sic*). Il garda le lit pendant six mois sans qu'il survînt le moindre changement dans son état. Le traitement, fait par un curé, consistait en frictions et en fomentations huileuses, après lesquelles il y avait un peu de soulagement. Enfin, au bout de ces six mois, on le mit dans des bains d'eau tiède, à la suite desquels il sentait tout son corps se déroidir ; dès lors un mieux sensible se montra, et il put marcher soutenu. Un bain aromatique lui fut donné au bout de quelque temps ; mais il se trouva mal dans ce bain, et on fut obligé de l'en retirer, puis il retomba immédiatement dans le même état qu'auparavant. Deux jours après, on lui fit prendre un bain salé, et, en sortant de ce bain, il éprouva un tel soulagement, qu'il put remonter dans son lit sans être aidé. Trois bains salés ont suffi à son entier rétablissement ; toutefois il lui est

resté pendant quelque temps des crampes dans les mollets et dans les mains. Depuis lors son développement s'est bien effectué, et il n'a plus été malade jusqu'à
ce jour, où nous le trouvons, dans les salles de M. Gubler, convalescent d'un rhumatisme articulaire aigu.

En lisant cette observation, on pourrait dire que les premiers
signes articulaires de l'enfance ne sont qu'un rhumatisme articulaire
aigu, puisqu'au moment où nous le trouvons, il sort d'une maladie
caractérisée rhumatisme articulaire.

(Nous montrerons que les phénomènes de croissance sont multiples, qu'ils portent tantôt sur un organe, tantôt sur un autre.
Quand ils s'adressent principalement aux organes du mouvement,
il est assez naturel de supposer que l'organisme pourra conserver le
souvenir de cette première manifestation, et contracter pour plus
tard une prédisposition aux lésions de ces organes primitivement
frappés. Ce que nous disons pour les membres et leurs articulations
s'étend à tous les organes, et si l'on nous permet un rapprochement,
nous rappellerons que dans certaines circonstances, certains organes,
victimes d'une maladie quelconque, contractent, par cela même,
une disposition à la réapparition de cette maladie. C'est ainsi que
l'on arrive à l'état chronique et à la plupart des diathèses.)

Notre objection à ceux qui voudront voir dans les premiers accidents un rhumatisme articulaire aigu sera cet énorme développement des membres en longueur dans l'espace de cinq ou six mois. Il
est vrai qu'on pourra nous répondre que dans le jeune âge ces développements se produisent sous l'influence de certains états aigus.
Nous avouons qu'il est assez difficile de réfuter cette objection ; nous
essayerons cependant de le faire plus loin dans un chapitre où il
sera traité du développement dans les maladies aiguës.

Nous n'insistons donc pas sur ce point dans cette observation, et
si nous la plaçons ici, c'est que nous croyons que toutes ces manifestations appartiennent à la croissance.

8

OBSERVATION III. — *Maladie de croissance ; phénomènes du côté des articulations et
du côté du cœur.*

Mlle L......, 10 ans et demi ; taille, 1 mètre 50 centim. ; figure pleine, santé appa-
rente, peau fine et blanche, cheveux blonds, membres bien proportionnés, tempérament lymphatique ; les règles n'ont pas encore paru.

Antécédents. Membres de la famille d'une taille en général très-élevée ; deux
tantes, mortes phthisiques à 18 ans, ayant une taille bien au-dessus de la
moyenne (5 pieds 4 pouces environ) ; deux autres tantes très-grandes aussi, mais
bien portantes. Mère de la jeune fille, brune, tempérament nervoso-sanguin,
bien portante, taille très-élevée. A 5 ans et demi, cette enfant, d'une taille déjà
bien au-dessus de la taille normale, est prise de douleurs dans les membres, avec
manifestations cardiaques (palpitations, suivant les renseignements donnés par
la tante). Cette affection fut dénommée par le médecin qui la vit alors *rhumatisme articulaire aigu.* Pas de renseignements positifs sur le siége de ces douleurs et sur leur nature.

Quand nous vîmes cette enfant au mois de février dernier, nous la trouvâmes dans l'état suivant : décubitus dorsal forcé ; articulations tibio-tarsiennes
un peu gonflées, baignées de sueur ; pas de rougeur ; douleurs vives dans ces
articulations, exagérées surtout par les mouvements communiqués. Quelques
jours avant notre visite, la jeune fille s'était tourné le pied gauche ; avant cet accident, elle commençait déjà à ressentir quelques douleurs vagues dans les articulations.

Nous supposâmes, d'après ces renseignements, que la jeune malade avait
été prise tout à coup d'une douleur vive dans le pied gauche, et que ce sentiment douloureux avait été la cause de ce faux mouvement du pied. Du reste,
elle avait été déjà reprise deux fois de manifestations articulaires dans l'année
qui avait précédé notre visite, et ces douleurs avaient débuté, d'une façon spontanée, sans prodromes manifestes. C'est ce renseignement qui nous a conduit à
l'interprétation que nous venons de faire.

Les deux genoux étaient également pris, ainsi que les articulations métacarpo-
phalangiennes et l'articulation du poignet, du côté gauche ; les mouvements, s'ils
n'étaient pas complétement abolis, étaient au moins très-limités et toujours extrêmement douloureux ; les articulations coxo-fémorales étaient indemnes, car la
malade pouvait se tenir sur son séant ; pas de réaction fébrile ; les autres fonctions s'accomplissaient très-bien ; la maladie, en un mot, paraissait toute locale.

Cet état de choses dura quinze jours. Dès notre seconde visite, nous prescrivîmes :

℞ Pyrophosphate de fer citro-ammoniacal...   5 grammes.
Extrait mou de quinquina gris...........   3   —
Vin blanc généreux....................   1 kilogram.

Prendre tous les jours, avant le déjeuner, une cuillerée à café de cette préparation.

Nous revîmes la jeune malade cinq jours après, et l'on nous raconta que la surveille, au soir, elle avait été prise de palpitations de cœur très-violentes, précédées par un état d'éréthisme très-intense, caractérisé par accélération du pouls énorme, face violacée, dyspnée intense, agitation, anxiété précordiale, stupeur de la face, injection et projection en avant du globe oculaire, chaleur à la peau, sueurs profuses. Un médecin du pays, appelé (car cette jeune fille est dans une pension à Auteuil), prescrivit des fomentations topiques sur la région précordiale, faites avec la digitale. Au moment de ces accès, les articulations étaient très-douloureuses, et les accidents de ce côté prenaient une acuité nouvelle, qui persistait quelque temps après l'accès, mais qui finissaient par s'amender. Ces accidents durèrent quatre jours, en s'éloignant toutefois et en perdant à chaque accès de leur intensité. Quand nous revîmes la malade, le cinquième jour au matin, les accès, au nombre de quatre d'habitude, n'avaient pas encore paru.

A l'auscultation, nous entendîmes un triple bruit de souffle au second temps, semblant indiquer soit un désaccord entre les deux cœurs, soit un défaut de rapport entre les valvules ; bruit de souffle à la base, pouvant tenir à l'état un peu chlorotique de la jeune fille, état constaté du reste dès notre première visite, mais prenant plus de force à la suite des accès dont nous parlons. Nous prescrivîmes 2 granules de digitaline par jour, et nous conseillâmes la continuation du sirop au pyrophosphate de fer.

Les accès allèrent toujours décroissant en intensité et en durée, et trois jours après, à une nouvelle visite, nous trouvâmes l'enfant dans un état satisfaisant.

Cinq jours après la cessation de ces désastres cardiaques, une nouvelle qui fit grand plaisir à la jeune fille mit fin presque subitement à tous les phénomènes articulaires ; mais elle fut reprise, huit jours après, de douleurs dans les articulations, moins intenses, et la maladie cessa complétement au bout de huit autres jours. L'usage du sirop au pyrophosphate avait toujours été continué pendant tout ce temps, et la malade jouit maintenant d'une parfaite santé.

Il nous semble impossible que l'on puisse donner à toutes ces ma-

nifestations pathologiques le nom de rhumatisme articulaire, soit aigu, soit chronique. La puissance organique semble être fixée sur les membres, et leur élongation manifeste permet, nous le croyons du moins, d'accuser ici la croissance mal réglée portant principalement sur l'appareil locomoteur. Ainsi nous assistons à un travail organique exagéré et très-douloureux, se fixant sur les articulations, mais sans réaction fébrile, au moins jusqu'au moment des troubles du côté du cœur. Le rhumatisme articulaire aigu est toujours accompagné d'un état fébrile très-marqué, et le rhumatisme chronique ne débute pas ainsi; il a toujours des précédents, et surtout il ne se termine pas d'une façon aussi rapide. Mais ce qui est le plus remarquable dans cette observation, ce sont les troubles cardiaques revêtant un caractère intermittent. Nous avons oublié de noter dans notre observation le caractère du pouls, qui, au moment de notre examen, était petit, fréquent, sans résistance au doigt, et très-irrégulier. L'interprétation du fait est bien difficile. Est-ce un trouble purement nerveux, ou bien est-ce une poussée active du côté du cœur, en rapport avec le travail organique? Nous sommes très-disposé à admettre la seconde proposition, et nous y sommes presque autorisé, si l'on songe à la manière si souvent fugace avec laquelle apparaissent et disparaissent les désordres du côté du cœur dans le rhumatisme articulaire aigu.

Quand ces phénomènes de croissance portent sur les articulations, il nous semble tout naturel qu'ils revêtent le caractère du rhumatisme articulaire aigu, et que les désordres cardiaques ressemblent à ce qui arrive dans le rhumatisme. Le phénomène du côté du cœur s'en rapproche d'autant plus que l'auscultation dans le le cas cité nous a révélé de certaines altérations tout au moins fonctionnelles.

Une des choses les plus invoquées comme cause des maladies du cœur, c'est la fréquence des émotions morales durant le cours de la vie. Voyons quel peut être le mécanisme de la production des altérations cardiaques.

Sous l'influence des émotions, il se produit un trouble énorme dans l'action du cœur : la circulation est comme entravée; chacun connaît l'expression vulgaire : *le sang se fixe au cœur*. Dans ces circonstances, la pâleur de la face, la petitesse du pouls et sa fréquence, semblent indiquer que le cœur est impuissant à chasser la masse sanguine. Les efforts sont d'autant plus répétés qu'il y a une sorte de paralysie du système musculaire de l'organe. Voilà le phénomène initial. A cette sorte d'atonie du cœur, succède la réaction; les efforts sont d'autant plus énergiques, que le cœur doit réparer le temps perdu : ses battements sont incohérents, tumultueux; de là la production de l'hypertrophie. Mais quand le premier mouvement, c'est-à-dire la demi-paralysie du cœur se prolonge, il en résulte la syncope, qui arrive quelquefois d'emblée. On peut comprendre que ce défaut de synergie dans l'organe puisse amener le défaut de rapport entre les valvules. On voit donc que les hypertrophies et les insuffisances valvulaires peuvent arriver en dehors de l'élément inflammatoire.

Dans notre observation, les phénomènes cardiaques revêtent l'aspect que nous venons de décrire; seulement le phénomène actif commence, et c'est comme fatigué de cet effort que nous voyons le cœur avoir des mouvements peu énergiques et présenter une irrégularité bien manifeste, preuve de l'état ataxique dans lequel il se trouve au moment de notre examen. D'un autre côté, notre interrogatoire ne nous a pas mis sur la trace de cause réelle pouvant amener des accidents nerveux.

Nous ne nions pas que l'on puisse rapprocher tous ces phénomènes du rhumatisme articulaire aigu; mais les antécédents, la marche, l'étiologie, et même la forme de certains accidents, nous poussent à rejeter le rhumatisme en tant qu'affection spécifique. Du reste, la suractivité organique chez cet enfant était très-prononcée; elle était beaucoup au-dessus des enfants de son âge, aussi bien par le cerveau que par les membres. Ainsi son intelligence était très-développée, sa mémoire facile et fidèle. Peut-être que si le travail 'organique n'avait pas été fixé en plus, de préférence sur les membres, le cerveau eût été victime, et, bien que très-développé relativement, il aurait eu à subir de vives secousses, restreintes quant à présent au système locomoteur.

Nous signalerons en passant la similitude qui existe entre ces deux dernières observations, au point de vue de l'instantanéité du début des douleurs articulaires.

OBSERVATION IV. — *Maladie de croissance, paralysie du mouvement, développement énorme des membres.*

Service de M. Gubler, salle Sainte-Marthe, hôpital Beaujon, février 1859.

Une autre jeune fille que j'eus occasion d'observer à Beaujon, âgée de 17 ans, présentait un développement considérable de tout le corps; ce développement était tel, qu'on aurait pu le considérer comme une monstruosité. Elle avait des douleurs dans toute la longueur des membres inférieurs, avec quelquefois exacerbation dans les articulations. Elle était impotente, et cette impossibilité dans la marche dura environ trois mois. Au bout de ce temps, elle commença à marcher, soutenue par des infirmières, avec un désordre d'action qui la faisait beaucoup ressembler à une personne atteinte de paralysie générale. Quand elle fut guérie, d'une façon assez rapide du reste, les membres avaient conservé le même volume que celui qu'ils avaient lorsqu'elle restait couchée; les douleurs avaient disparu, tout était rentré dans l'ordre, et elle avait appris à se servir de nouveau de ces membres énormes.

Si l'on avait eu affaire à un rhumatisme musculaire ou articulaire, le séjour au lit n'aurait-il pas fait diminuer le volume de ces membres? La malade eût-elle été, plus que les autres, soustraite à la débilité qui suit un séjour prolongé au lit? Surtout lorsque le seul élément pathologique est la douleur, n'est-on pas en droit d'admettre qu'il se faisait là un travail exagéré et déréglé de nutrition? Remarquons que, dans ce cas, l'accroissement porte sur le volume. et non sur la longueur. Cette jeune fille était énorme, mais petite.

Observation V.—*Maladie de croissance, phénomènes cérébraux prédominants* (notes dues à l'obligeance de M. le Dr Devousges).

Mlle M....., 14 ans, tempérament lymphatique; pas de règles, aucune manifés- tation du côté des organes génitaux. Bonne santé antérieure, jusqu'au mois d'avril 1859. A cette époque et progressivement, perte d'appétit, symptômes de gastralgie, constipation. En même temps, céphalalgies, tête difficile à porter, pesante, bran- lante. Vue affaiblie; faiblesse des membres, affaissement de tout le corps.

Aucun traitement pendant un ou deux mois; symptômes augmentant progres- sivement. Vers le milieu du mois de mai, le Dr Devousges est appelé, il constate : air stupide, yeux fixes, saillants, en boules de loto; pupilles dilatées, vue affaiblie, bluettes, mouches. Tête inclinée, tantôt à droite, tantôt à gauche, ou penchée en avant; lèvre inférieure pendante. Maux de tête assez violents, surtout au réveil; dégoût des aliments, principalement de la viande; nausées après le repas et quelquefois vomissements; constipation, pas de toux, rien à l'auscultation. Pouls faible, mou, lent; bruit de souffle léger à la pointe du cœur et dans les carotides; quelques saignements de nez; rien du côté des organes génitaux. La malade est le plus souvent au lit, ayant beaucoup de peine à se tenir debout; chutes fréquentes dans ce cas, et alors, impossibilité de se relever seule. Tremblement général, marqué surtout dans la tête et dans les bras lors- qu'on les fait étendre. Impossibilité de se tenir complétement en repos, mouve- ments choréiques. Affaiblissement de la sensibilité, marqué surtout aux extré- mités inférieures; tendance à la syncope.

Régime tonique, vin de quinquina, fer et rhubarbe; bains sulfureux, etc.

C'est vers le mois de juin qu'elle fut présentée à M. Gubler, par le D^r De- vousges, dans le même état, cependant ayant un peu plus de forces dans les jambes, puisqu'elle put monter l'escalier, soutenue par le père et la mère. Il fut convenu qu'on continuerait le régime tonique, plus des affusions froides; elles furent d'abord pénibles, mais on persista.

Au bout de quelque temps, amélioration, appétit meilleur, tête moins lourde et moins douloureuse. Plus de force dans les membres supérieurs lorsqu'on se fait serrer la main par la jeune fille; les membres inférieurs, eux-mêmes, soumis à des frictions sèches très-énergiques, supportent mieux le corps. Ses yeux sont toujours hébétés, mais moins faibles, avec moins de fausses sensations; pupilles moins dilatées. L'amélioration fit des progrès assez rapides, et vers le mois de juillet, la jeune fille put retourner à sa pension.

Bien des médecins seront embarrassés en présence de tous ces phénomènes protéiques, pour les rapporter rigoureusement à une espèce nosologique bien définie. Est-ce une hydrocéphale aiguë, est-ce une chorée, est-ce une paralysie essentielle? Oui et non; c'est-à-dire qu'au point de vue symptomatique ces trois diagnostics peuvent être portés.

Mais la cause, quelle sera-t-elle? La marche de la maladie va nous renseigner.

Ainsi, au début, symptômes très-marqués d'hydrocéphale aiguë, à tel point qu'il nous semble impossible de ne pas faire ce diagnostic tout d'abord; puis arrive la chorée. Mais ces simples troubles du mouvement peuvent-ils à eux seuls constituer une chorée? Nous répondrons plus loin, avec M. Gubler, à cette proposition. Quelle est, en dernier lieu, la signification de cette paralysie de la sensibilité? Est-elle liée à l'état chlorotique de cette jeune fille, état que nous avons signalé? Cela est possible. Tous ces désordres s'apaisent, et finissent même par disparaître complétement en trois mois. Telle n'est pas la marche habituelle de l'hydrocéphale aiguë et de la chorée.

Considérons maintenant l'âge de la malade, son tempérament lymphatique, et l'absence des règles.

Quatorze ans est l'âge auquel les règles apparaissent le plus habituellement; la fonction menstruelle n'est pas encore établie; il est vrai que le tempérament de la jeune fille ne favorise pas la précocité. Cependant la malade est bien près de la puberté, et il est tout naturel que des troubles se manifestent à ce moment, puisque si ce n'est pas la règle, les exceptions sont tout au moins très-fréquentes. Il y a pour nous, dans ce cas, lutte entre les divers éléments vitaux, et la preuve, c'est que le quinquina et les autres agents qui favorisent la résistance vitale enrayent le mouvement pathologique qui se serait, nous en sommes persuadé, établi, si le traitement n'avait pas été institué. De plus, nous pensons que si les règles avaient paru à ce moment, les troubles eussent cessé.

Ce sont là uniquement des phénomènes de croissance, et ceux qui voudront appeler ces manifestations pathologiques *hydrocéphale aiguë* et *chorée* pourront, presque à coup sûr, porter un pronostic favorable, s'ils en saisissent la cause.

OBSERVATION VI. — Mlle D....., tempérament nervoso-sanguin, réglée à 14 ans et demi.

Première dentition très-facile. N'a marché qu'à 2 ans et demi. Très-bien développée du reste avec toutefois prédominance du tronc et surtout de la tête sur les parties inférieures. Toute jeune elle tombait au moindre choc, et restait jusqu'à deux heures en syncope. A l'âge de 8 ans, mal de gorge avec phénomènes de réaction très-vifs, fièvre et délire; durée de ces maux de gorge, trois jours. Ils se sont présentés trois fois dans la même année. Très-forte jusqu'à 8 ans. A dater de l'apparition des maux de gorge, amaigrissement très-rapide et très-prononcé. Seconde dentition très-difficile; douleurs de dents presque continuelles; à 11 ans on a été obligé de lui en extraire quatre de suite. Grande irritation et gonflement énorme des gencives; la dernière dent de lait perdue à 15 ans. De 10 à 13 ans, douleurs articulaires très-vives, ayant le caractère de crampes durant quelques minutes. De 13 à 14 ans, développement très-rapide des seins, qui sont complétement formés à 14 ans, mais ce développement avait été accompagné de douleurs très-vives. A grandi très-rapidement en l'espace de deux ans, et pendant cet accroissement, douleurs articulaires très-violentes. A 14 ans et demi, apparition de la première époque, précédée de douleurs au creux épigastrique. Les règles se sont établies tout à coup régulières et abondantes, au point qu'elles prenaient le type de pertes. Depuis ce temps, bonne santé et bonne constitution, avec prédominance de l'élément nerveux.

Tous les accidents notés dans cette observation apparaissent juste au moment des périodes de croissance (deuxième dentition, puberté). Nous pensons qu'il est impossible de nier leur influence dans ce cas. On voit, comme dans notre observation première, les douleurs dans les seins très-vives au moment de leur développement, et des phénomènes gastralgiques précédant de très-peu l'apparition des règles. Le phénomène est très-actif dans ce cas; mais il s'établit régulièrement, et la santé se consolide d'une façon fixe, qui ne s'est pas démentie jusqu'à présent.

9

L'esquinancie est un état que nous signalerons plus tard, comme faisant partie des poussées actives de la croissance. Les enfants auxquels on est obligé d'exciser ces organes sont bien nombreux, et l'on a peine à s'empêcher de considérer le développement exagéré qui force à cette petite opération, comme un phénomène de croissance.

Après avoir rassemblé nos trop peu nombreuses observations, et les avoir commentées, nous allions chercher à remplir le cadre annoncé au commencement de ce chapitre, lorsque notre ancien camarade et ami, M. Bonnemaison, interne des hôpitaux, qui connaissait le sujet de notre thèse, nous avertit qu'il tenait à notre disposition un livre qui pouvait nous intéresser. Nous le remercions ici de grand cœur de nous avoir fait connaître cet auteur, dans lequel nous avons puisé de précieux renseignements.

Voici l'intitulé de ce livre, que nous nous empressons de signaler, persuadé que ceux qui pourront le lire y admireront l'esprit médical et l'observation consciencieuse qui ont présidé à sa rédaction. Ce livre est celui d'un naturiste, qui, malgré le rôle peut-être un peu trop exclusif qu'il fait jouer aux liquides et aux solides, se montre praticien très-consciencieux et très-éclairé.

Tableau des variétés de la vie humaine,

Par M. G. DAIGNAN,

Docteur en Médecine de l'Université de Montpellier,
Médecin ordinaire du Roi, consultant des Camps, des Armées, etc. etc.

M. DCC. LXXXVI.

Nous allons maintenant un peu modifier la division que nous avions annoncée au commencement de ce chapitre, bien que la substance reste toujours la même.

Nous ferons deux subdivisions : dans la première, nous traiterons des accidents et maladies qui précèdent la puberté; dans la seconde, nous nous occuperons des accidents et maladies qui apparaissent pendant et après la puberté. Durant le cours de ces deux paragraphes, nous donnerons les observations empruntées au livre de Daignan, puis d'autres prises dans une monographie qui est dans nos mains. On pourra remarquer, en les comparant, la ressemblance, au point de vue symptomatique, qui existe entre nos observations et celles des auteurs auxquels nous avons emprunté.

§ I. — *Des accidents et des maladies qui précèdent la puberté.*

Nous savons que la plupart des médecins qui ont écrit sur les maladies de l'enfance considèrent la période de 7 à 14 ans environ, époque de la puberté, comme une période de transition. La santé se consolide en effet, et généralement les enfants ne sont incommodés que par l'apparition des phénomènes pubères. Mais, de même que la puberté peut arriver d'emblée, de même elle peut se préparer d'assez loin et amener des accidents que nous allons décrire. Voyons quelles sont les modifications pathologiques que l'on peut rencontrer à cet âge.

Maux de tête, étourdissements, douleurs articulaires, douleurs le long du rachis, abattement, fatigues et lassitudes, sans cause bien déterminée ; éréthisme du centre circulatoire, phénomènes dyspnéiques, palpitations de cœur, vertiges, tendance à la syncope ou au sommeil, perte de l'appétit, changement de caractère, abandon des jeux, concentration générale, épistaxis, éruptions cutanées, soit dartreuses, soit furonculeuses ; augmentation en longueur des jambes et des bras, coïncidant avec l'étroitesse du thorax ; amaigrissement plus ou moins prononcé, diminution des forces, refus du travail, paresse de l'intelligence, éblouissement, sommeil interrompu, accompagné de songes pénibles, ou profond, mais fatigant ; peau blanche ou très-injectée, yeux ardents ou mornes, quelquefois un peu de fièvre, sans durée, avec embarras gastrique cédant facilement et souvent spontanément, oreillons, etc. etc. Puis viennent,

comme conséquence de ces états trop prolongés ou persistants :
l'hydrocéphale aiguë, la méningite, l'encéphalite, les diathèses tuberculeuses, scrofuleuses, scorbutiques, herpétiques, se fixant sur
certains organes ; les manifestations plus sérieuses des articulations,
telles que la carie, la nécrose, les tumeurs blanches, les épanche-
ments dans les articulations, etc.

Nous sommes d'autant plus autorisé à présenter ce tableau, que
nous-même, à notre souvenir, avons ressenti une partie de ces
phénomènes vers l'âge de 12 ans, et qu'à ce moment, le médecin
conseilla à notre famille de nous retirer du collége, dans la crainte
de voir ces phénomènes s'aggraver.

Sous quelle influence peut être cet ensemble compliqué de manifestations qui, si elles ne sont pas complétement pathologiques,
approchent tellement de l'état morbide, qu'une circonstance peut
nous y plonger ?

Pour nous, ces phénomènes sont sous l'influence de poussées de
croissance dont les efforts sont ou trop impétueux ou mal réglés ;
nous disons mal réglés, parce qu'il est évident que cela ne se passe
pas toujours ainsi, et que bien des enfants arrivent au complet développement sans éprouver toutes ces attaques inquiétantes. De plus,
quelles nombreuses causes ne viennent pas compliquer ces phénomènes irréguliers de croissance : la constitution, les tempéraments,
l'hérédité, les influences climatériques, les mauvaises habitudes, les
mauvaises conditions hygiéniques. L'agglomération est souvent chose
funeste. Heureusement, dans les colléges, les enfants sont dans d'assez bonnes conditions. Cependant quelques-uns, moins bien doués
que les autres, ont peine à supporter la discipline qu'on est obligé
de leur imposer. Il est souvent très-pénible de rompre les douces
habitudes de la famille, et le chagrin que ressentent quelques enfants en quittant le foyer paternel retentit sur le reste de l'organisme. Ils ne prennent point part aux jeux de leurs camarades, dont
l'accueil n'est pas toujours très-obligeant. L'exercice qu'ils pouvaient prendre sans contrôle est limité ; il faut de la régularité en

tout quand on est au collége. Malheureusement toutes les constitutions et tous les caractères ne sont pas indentiques et ne s'arran-
gent pas toujours d'un régime invariable.

Pour revenir directement à notre sujet, nous dirons que, parmi ces
phénomènes précédemment cités, nous pensons que certains d'entre
eux sont critiques, et par conséquent salutaires, tels que les épistaxis, les manifestations cutanées, les oreillons, etc. Il faut donc
surveiller ces manifestations et bien prendre garde de les supprimer,
car cette suppression pourrait devenir funeste ; on voit par là que
nous croyons aux métastases.

Nous allons donner maintenant les observations que nous avons
annoncées plus haut, et qui viennent à l'appui de ce que nous
avançons.

Observation Ire. — Un jeune étudiant, âgé de 12 à 13 ans, gros, gras, replet,
d'une belle carnation, d'un teint fleuri, d'un grand appétit, et plus fort qu'on
ne l'est généralement à cet âge, sans être plus grand, était sujet de temps en
temps, depuis environ un an, à des maux de tête violents, qui l'obligeaient de
rester le plus souvent couché, quelquefois sans boire ni manger, pendant deux
ou trois jours, et qui se terminaient par un saignement de nez. La fièvre étant
survenue avec ces maux de tête, au lieu du saignement de nez, et à l'époque où
il paraissait ordinairement, je fus appelé. Je fis saigner le jeune homme, je lui
prescrivis quelques lavements émollients et une boisson rafraîchissante ; la
fièvre se calma un peu, mais ne disparut pas. Je fis répéter la saignée : la fièvre
diminua encore successivement, disparut entièrement dans peu, et le jeune
homme se trouva, comme auparavant, sans qu'il parût avoir été incommodé.
Quelques jours après, la fièvre reparut tout à coup avec le mal de tête, mais avec
des symptômes bien différents : la bouche était pâteuse, la soif ardente, la chaleur très-vive, les urines incendiées, le ventre tendu, le pouls serré, et l'abattement extrême. La maladie paraissant devoir être très-grave, le malade fut traité
en conséquence. Il fut saigné deux fois du bras, autant du pied ; l'émétique, les
purgatifs, les lavements, les juleps, furent employés, suivant les indications.
Tout cela n'empêcha point qu'on ne fût obligé d'en venir aux vésicatoires, qui ne
réussirent pas mieux. Enfin, le malade étant aux abois, le dix-septième jour il
survint un saignement de nez qui dissipa bientôt tous les symptômes, et le jeune

homme se rétablit très-promptement, il parut même plus fort, mais il n'a jamais repris le même degré d'embonpoint.

Cette observation est prise dans le livre de Daignan, et suivie des réflexions suivantes, que nous transcrivons textuellement, pour montrer l'esprit éminemment pratique de ce médecin.

«La saignée était très-indiquée, sans doute. Les deux saignées que je fis faire d'abord diminuèrent le volume du sang, plus que le saignement du nez, sans doute encore ; mais elles ne le diminuèrent pas par l'endroit que la nature avait choisi, et c'est ce que je devais faire, et ce que je pouvais faire, en mettant dans les narines des feuilles de verveine ou de millefeuille, comme font les paysans dans beaucoup d'endroits ; c'était là la véritable indication. Elle est expressément recommandée par le grand maître : *quo natura vergit, eo ducendum.* Il y avait encore un chemin peut-être moins court, mais plus sûr à prendre : c'était d'attendre. Le jeune homme n'était point malade : il était incommodé ; son incommodité était connue, et le remède aussi : pourquoi en employer un autre ? La fièvre était survenue, mais la fièvre n'est point une maladie, elle est seulement un signe de maladie, ou un effort de la nature, qui indique la maladie, puisqu'elle prend différentes sortes, selon le mal qu'elle indique ; d'ailleurs elle n'aurait pas empêché l'hémorrhagie du nez, puisqu'elle l'a procurée le dix-septième jour de la véritable et grande maladie, malgré les six saignées précédentes, et les forces épuisées par le mal et par tous les autres moyens accessoires. Il est au contraire sinon évident, du moins très-probable, que la fièvre n'était survenue là, que comme un nouveau moyen de la nature, un nouvel effort qu'elle faisait, pour vaincre l'obstacle qui s'opposait à l'hémorrhagie.

«Encore une petite réflexion..... Le malade se rétablit parfaitement et promptement, il parut même plus fort ; mais il n'a jamais repris le même embonpoint... Son tempérament a donc changé ? y a-t-il gagné ? y a-t-il perdu ? Il est probable qu'il y a gagné, puisqu'il est dit qu'il parut plus fort. Mais il pouvait y perdre. *In dubiis tutior, pars eligenda.*»

Cette observation est très-curieuse ; on aurait bien pu croire, au commencement, à une fièvre typhoïde, mais la suite de l'observation détruit complétement ce diagnostic, car ce n'est point ainsi que se juge cette maladie. L'auteur a raison de considérer cette épistaxis comme un phénomène critique ; il regrette trop vivement de n'avoir pas tout abandonné à la nature : peut-être aurait-elle amené une terminaison favorable ? Peut-être en effet. Mais ce que nous blâmons, c'est cette quantité de sang retirée inutilement. Nous le croyons, les purgatifs et les boissons délayantes eussent suffi. D'un autre côté, abandonner tout à la nature eût été bien imprudent, car les phénomènes prenaient une grande acuité, et le molimen inflammatoire se prononçait d'une façon bien vive pour ne pas intervenir. Peut-être la poussée générale se serait-elle localisée en un point quelconque de cet organisme, qui, bien que cherchant à se produire, était tout près de succomber.

Bien des gens auraient dénommé fièvre typhoïde tous ces phénomènes, et nous ne doutons pas que la chose n'arrive fréquemment dans la pratique de la ville. Les antécédents étaient dans ce cas un précieux renseignement.

La faute de diagnostic, dans ces circonstances, est très-grave, et nous croyons que la médication est fort difficile à instituer, car le traitement de la fièvre typhoïde, dans ce cas, aurait bien des inconvénients, surtout au point de vue du régime.

Autres observations du même auteur.

OBSERVATION II. — Le fils d'un charron, âgé de 13 à 14 ans, d'un teint basané, fort et robuste à proportion de son âge, était sujet à de violents accès de fièvre éphémère assez fréquents, pendant lesquels il buvait beaucoup d'eau froide. L'accès se terminait dans vingt-quatre heures par une sueur abondante, après laquelle il n'y paraissait plus. Quelque temps après il survint un nouvel accès... La fièvre ayant paru plus forte que de coutume, accompagnée de symptômes différents, je fus appelé. Je prescrivis le petit-lait ; la fièvre dura quatre jours, sans aucun changement sensible. Le jeune homme, s'étant dégoûté du petit-lait, but de l'eau à son ordinaire ; six heures après, la sueur parut, fut très-abondante, et dès qu'elle eut cessé, le jeune homme se porta à merveille.

Pour nous, dans ce cas, les phénomènes fébriles sont provoqués par la croissance. La nature fait là des efforts qui dureront tant que la régularité dans les mouvements organiques ne se prononcera pas. Là encore tout se juge par une crise.

Observation III. — Le fils d'un bon bourgeois fort aisé, qui avait éprouvé toutes les maladies de l'enfance, et qui était devenu cacochyme, plein d'humeurs qui avaient souvent fait éruption à la tête, et qui le rendait sujet à toute sorte de fluxions, était parvenu à l'âge de 16 ans, n'étant pas plus grand qu'un enfant de 10, faible, délicat, languissant, et faisant mal toutes ses fonctions. A cette époque, il fut atteint de fièvre dans le mois de mars. Je fus appelé sur-le-champ. Mon avis fut qu'il ne fallait pas se presser de guérir cette fièvre, que je regardais comme un présent et un effort puissant de la nature. L'enfant était unique et fort chéri, mes représentations ne furent pas écoutées. On consulta de toutes parts. Il fallut absolument faire un traitement. Je le conduisis avec toute la prudence dont j'étais capable; malgré tous les soins, tous les avis et tous les remèdes, la fièvre dura heureusement sept à huit mois. Parvenu à l'automne sans espoir, comme sans apparence de guérison, je conseillai d'abandonner tout remède, et de lui faire manger des raisins à tous les repas; on suivit enfin ce conseil, parce qu'il était du goût du malade. Il survint un cours de ventre quelque temps après et la fièvre disparut complétement. On fit faire quelques petits voyages au jeune homme; le printemps suivant, on le fit changer d'air : il s'est développé peu à peu, et sans être bien vigoureux, il a acquis la taille et la force d'un homme ordinaire.

Remarques de l'auteur. «Cette fièvre, loin d'être un mal, était le plus grand bien possible pour ce jeune homme. Il était né sans feu, sans énergie et sans vigueur. La fièvre était certainement une crise ou un effort de la nature, qui allait perfectionner ces humeurs et donner de la consistance aux solides en y excitant un feu et un mouvement étranger. Le remède le plus innocent pour arrêter ce mouvement étranger devait être regardé comme un poison, s'il eût reussi. C'est ici qu'on peut dire que la nature triompha du mal et du remède.»

Cette observation est finement et exactement interprétée. Nous pensons qu'on eût pu faire un traitement très-utile en remarquant la pauvreté de cette constitution. Le fer et surtout le quinquina, associés à l'hydrothérapie et à l'exercice en plein air, eussent dû être, à notre avis, la base du traitement; désobstruer le canal digestif pouvait être utile de temps en temps, et nous sommes persuadé que le mouvement organique, réglé par ces agents, aurait retenti plus vite et plus efficacement sur ce corps sans richesse et sans force. Qu'on remarque, du reste, à la fin de cette observation, les bénéfices du changement d'air et du mouvement occasionné par les voyages entrepris par le sujet.

OBSERVATION IV. — Une demoiselle de qualité, très-grande et très-forte pour son âge, parfaitement bien constituée, d'une santé constante, d'une très-belle carnation et d'un teint de lys et de roses, eut à 8 ans un petit flux hémorrhoïdal, sans aucune incommodité sensible avant, pendant, ni après l'évacuation, dont on fut fort surpris par l'erreur qu'elle donna occasion de faire, lorsqu'on s'en aperçut. Cette évacuation dura deux jours, et la demoiselle continua à se bien porter, à croître et à embellir jusqu'à 12 ans, où tout annonçait une beauté sur laquelle on avait déjà fondé de grandes espérances. Le temps de la réserve et du maintien étant venu, la grande liberté et la dissipation n'étaient plus de convenance pour une grande demoiselle qui devait jouer un grand rôle dans le monde; il fallut s'occuper de toilette et figurer dans les sociétés, c'est-à-dire se gêner et contraindre la nature. La demoiselle fut bientôt incommodée, mais légèrement, tantôt de la poitrine, tantôt de l'estomac, des bras, des jambes, etc. On n'en fut pas d'abord fort inquiet, parce qu'on regardait tout cela comme des préliminaires de la puberté, qui n'était pas encore annoncée. Je fus cependant consulté et je fus d'avis de rendre cette demoiselle à sa première liberté, précisément pour hâter l'apparition des signes qui confirment la puberté dans le sexe. On substitua à mon conseil des bals, des danses de société, et d'autres amusements qui exigeaient une grande parure. Les inconvénients continuèrent et augmentèrent; les glandes du cou s'engorgèrent, surtout la parotide droite, qui fit une grande saillie. Je fus consulté de nouveau. J'insistai sur les premiers moyens, en y ajoutant les antiscorbutiques, les plantes crucifères dans le régime, les frictions sèches, les bains, l'air de la campagne, les petits voyages et tout ce qui pouvait contribuer aux mouvements libres de toutes les parties. Mon service m'ayant éloigné de la malade, elle fut confiée à un autre médecin. On fit des remèdes de toute espèce : la glande disparut; mais bientôt après le coloris et les traits du visage changèrent, la figure s'allongea, l'épine se courba, les côtes de la poitrine s'aplatirent d'un côté et s'élevèrent de l'autre. Les bras, auparavant ronds, et les mains potelées, maigrirent, s'amincirent, s'effilèrent, et la demoiselle devint parfaitement, ou plutôt ridiculement bossue, en moins de dix-huit mois.

Dans cette observation, l'on voit, contrairement à ce qu'on a remarqué dans l'autre, une constitution forte et solide, se détraquant petit à petit sous l'influence d'un changement de vie trop rapide ; on veut faire de cette belle enfant une femme, et on arrive à la rendre infirme et ridicule. Nous ne pouvons trop admirer la sagacité et le bon sens de Daignan, qui, par son traitement si bien et si intelligemment institué, aurait dérobé cette malheureuse enfant à l'affreux rachitisme.

M. le Dr Duchamp a publié à Paris, en 1823, un travail intitulé : *Maladies de la croissance*. Nous nous sommes empressé de lire cet ouvrage, qui attirait fort notre curiosité, puisqu'il portait le même titre que notre dissertation inaugurale.

Nous signalerons d'abord l'esprit avec lequel ce livre a été conçu, puis nous y glanerons quelques idées pratiques et tout ce qui nous paraît être de l'observation pure.

« Les irritations menstruelles de la femme, dit cet auteur, retrouvées ensuite sur l'enfant, nous ont induit à penser que l'accroissement du fœtus se fait par des espèces de secousses à ces époques, comme il continue à se faire plus tard. Il y a lieu de croire que ces secousses sont plus fortes vers le troisième comme vers le septième mois de la gestation, et que déjà cette habitude, établie dans le sein de la mère, se maintient, jusqu'à un certain point, après la naissance.

« Les variations de temps, dont l'effet est si manifeste sur l'homme fait, ne tarderont pas à agir vivement sur le nouveau-né ; et, comme elles ont surtout lieu au renouvellement de lune, l'irritation menstruelle tend à se maintenir, et souvent la dentition suit encore plus ou moins la même marche. Cependant, des secousses de croissance ne peuvent manquer de devenir plus fortes les unes que les autres, soit par l'influence des saisons, des épidémies, soit par des inflammations accidentelles ; et alors des habitudes de secousses inégales s'établiront : celle de trois en trois ans, à peu près, dont une se trouverait plus prononcée, semblerait être la plus fréquente et expliquer ce qu'on a dit des années climatériques ; la première denti-

tion, la seconde, la puberté, sont des époques marquantes d'accroissement qui imprimeraient surtout cette marche. Mais ces époques,
étant susceptibles de retard ou de précocité, réagiront par là sur les
développements qui en dépendent. Cependant il y a toujours des
secousses partielles entre ces époques, et il semble qu'il y ait encore
une espèce de molimen, ne serait-ce que par habitude, jusqu'à
passé 30 ans.

« ..... La croissance se faisant par secousses plus ou moins longues,
il conviendrait d'en tracer la marche. On pourrait dire en deux
mots que, le développement du corps suivant surtout celui du système osseux, la mesure des inflammations accidentelles de ce système
sera celle de l'accroissement partiel. Une fracture dans l'enfance
arrive promptement à la guérison, et sa durée n'est à peu près que
moitié de celle d'un âge plus avancé. Les secousses de croissance
suivent la même marche; elles ont leur début, leur acuité, leur déclin. La première et la dernière période admettent plus aisément les
révulsions que l'acuité, et chacune exige donc des soins appropriés
à sa nature et à l'époque de l'âge.

« Outre les orages du moment, les suites funestes qui résultent si
souvent des secousses brusques, inégales et fortes, de croissance,
celles-ci prédisposent plus que les secousses égales aux maladies
accidentelles; il en est de même quand elles sont rapprochées et se
succèdent rapidement. Les tissus alors sont plus mous, plus phlogo-
sés, et ont moins le temps de se consolider. Il en résulte ordinairement quelque lésion locale, ou une constitution molle, qui donnera
accès aux causes morbides les plus légères. Ce n'est pas toujours
une taille excessive qui fait la mesure de ces considérations, mais
c'est la taille relative à l'individu, à la famille.

« Les secousses de croissance prédisposent aux inflammations aiguës accidentelles, parce qu'il est rare que certaine cavité ou quelque système organique ne soit alors plus particulièrement souffrant.
Les fièvres cérébrales, pulmonaires, abdominales, etc., auront donc
l'accès le plus libre; des inflammations lentes subsisteront après

dans quelque appareil organique, si on ne se tient pas constamment en éveil, et si des révulsions ménagées dès le principe n'ont pas d'avance atténué le danger. C'est le moyen que nous avons vu employer par la nature, dans les cas de solutions heureuses, tandis que la privation de ce puissant secours a presque toujours laissé des endroits faibles, devenus ensuite incurables..... »

Le début de ces remarques, nous l'avouerons, nous a semblé assez extraordinaire; mais on peut remarquer comme nous, dans la suite, de bonnes idées pratiques, résultat évident d'une bonne observation.

Nous empruntons à cet auteur quelques observations.

OBSERVATION Ire. — Fille de 15 à 16 ans, d'une taille assez élevée, non encore menstruée. Ce n'est que depuis un an qu'elle a pris son développement, et dès lors gonflement douloureux et sans rougeur au genou droit; en même temps, autre douleur dans les épines lombaires. Ces deux douleurs ont des redoublements simultanés, et donnent souvent lieu à des faux pas. Ceux-ci sont fréquents dans les douleurs de croissance, et arrivent ordinairement sans cause connue; les plus légers durent des six semaines, plus ou moins, dans les articulations des extrémités inférieures surtout, s'ils sont abandonnés au temps.

Cette observation a une grande ressemblance avec notre observation 3; il n'y manque que les manifestations cardiaques.

OBSERVATION II. — Enfant âgé de 7 ans. A 5 ans, en été, éruption psoriforme et secousse des plus marquées de croissance. En automne, le mal de Pott se déclare, et l'éruption disparaît. Comme il n'y a encore qu'un ramollissement, il n'a cessé de courir avec les autres enfants, tout courbé qu'il est à présent.

OBSERVATION III. — Fille âgée de 23 ans. Sans avoir une taille élevée, elle était restée petite relativement à celle qu'elle acquit de 16 à 20 ans. Ses menstrues n'arrivent qu'à cette dernière époque, et bientôt elle gagne une demi-suppression par des refroidissements; il en résulte une expectoration sanguine, pendant deux jours, à chaque période menstruelle, et une affection vertébrale dont les longs préludes étaient enveloppés d'une certaine obscurité. Cependant la marche était pénible, traînante d'un côté surtout; les mouvements imprimés en tous sens aux membres ne causaient aucune douleur dans les articulations du bassin, et il n'y avait point de crampes, mais l'incurvation de l'épine était un peu douloureuse. Les explorations n'y découvrent point de tumeur ni de phlogose utérine, et l'abdomen, un peu ballonné, ne devenait que rarement le siége de douleurs momentanées. Des sangsues, des bains, avaient été employés inutilement ; des ventouses scarifiées, des rubéfiants, une gale conservée, ne firent rien non plus dans le court espace de temps que je la soignai.

Cependant l'expectoration sanguine avait cessé et les époques étaient rétablies ; mais des céphalalgies qui dataient de loin ne reparaissent plus, et dénotent un présage d'autant plus défavorable que la malade, croyant éprouver de l'amélioration, se refuse à l'usage de tous les moyens médicaux. Deux ans après, une tumeur dans le milieu des lombes se déclare, et lui rappelle les explorations que j'y avais faites ; c'était la maladie de Pott avec un raccourcissement déjà prononcé.

OBSERVATION IV. — T....., âgé de 21 ans, taille élevée, fluette et encore peu marquée il y a trois mois. C'est de là que date une secousse de croissance qui a été environ d'un demi-pied ; il se déclare en même temps des douleurs à un genou, puis à l'autre, ensuite aux bras ; il s'y joint de la toux, de la dyspnée, des palpitations, des sueurs abondantes aux articulations surtout, parfois un peu de sang dans le moucher, une faiblesse prononcée, de l'amaigrissement. Obligé de travailler encore par moments, il en résulte à la fin de la roideur dans les muscles du cou, un gonflement très-prononcé de la tête des clavicules, en devant, que des emplâtres fondants ont paru résoudre en peu de temps.

Cette observation se rapproche encore de la note qui porte le n° 3. On y rencontre aussi des manifestations cardiaques.

OBSERVATION V. — Enfant âgé de 7 ans, fluet, pâle, et issu cependant de parents robustes ; ses dents, sorties de bonne heure et sans souffrance grave, sont bien espacées, mais noirâtres et prètes à se renouveler.

Depuis un an, et surtout dans ces derniers temps, sa taille s'est élevée de près de 3 pouces. Il se trouve encore dans l'acuité d'une secousse de croissance ; chaque jour, le soir et la nuit surtout, il éprouve six ou huit accès de douleurs violentes dans un genou, torsion douloureuse des poignets, et parfois léger délire ; leur durée est souvent instantanée ou d'un quart d'heure à une demi-heure. Dans les intervalles, il joue dans l'appartement, il court, ou il s'endort sur-le-champ, s'il se trouve au lit. Il est des accès qui ne sont qu'une douleur instantanée aux poi-

gnets, aux malléoles, aux genoux surtout, que le fléchissement paraît soulager ;
point de fièvre, si ce n'est un peu de chaleur au lit et sans sueur, de l'accélération du pouls et des battements du cœur plus vifs pendant les accès. Cette scène
eut déjà lieu dans une secousse de croissance, il y a trois ans, et ne dura que
huit jours ; cette fois, la durée en est double.

Le début de ces secousses de croissance donne ordinairement lieu à une
éruption sur les doigts, et l'on pourrait présumer que des engelures contractées
en hiver y sont pour quelque chose ; elle s'était encore montrée cette fois, mais
elle disparut à l'arrivée des douleurs articulaires. Si elle s'était bien développée,
il en serait résulté une révulsion qui aurait pu garantir des souffrances vives,
qui ont montré un caractère rebelle. Je n'en ai jamais observé chez les enfants
qui sont pourvus d'éruptions bien formées dans leurs secousses de croissance ;
mais, l'acuité établie, les révulsions sont difficiles, et il faudrait mettre le plus
grand empressement à y parvenir auparavant.

Le père fut sujet aux mêmes douleurs dans ses croissances, et il lui est resté
des rhumatismes aux genoux : l'enfant était donc prédisposé aux mêmes affections.

Remarquons ici ces douleurs articulaires donnant lieu à des con-
tractures momentanées durant à peine quelques minutes, comme
dans notre observation 6. Nous signalerons aussi la poussée active
du côté du cœur pendant les accès de douleurs articulaires, comme
dans notre observation 3.

Nous ne pouvons passer aussi sous silence cette éruption se produisant au début des poussées de croissance, et disparaissant à l'arrivée des douleurs articulaires. Nous regrettons que l'auteur ne parle
pas de la nature de cette éruption ; mais nous ne pouvons nous empêcher de penser qu'elle est identique à celle qui se présente dans le
rhumatisme articulaire aigu, quand les douleurs articulaires ont
cessé. Ceci doit frapper l'esprit en raison de la ressemblance incontestable qu'il y a entre le rhumatisme articulaire aigu et les manifestations articulaires de la croissance.

OBSERVATION VI. — L'individu est âgé de 23 ans, d'une taille assez élevée et
large. A 12 ans, secousse marquée de croissance ; à 17 ans, même secousse, qui
le retient au lit pendant six semaines, avec douleurs dans les articulations, celles

des genoux surtout : les deux fois, sueurs aisées, glandes, constipation vers la fin de la dernière; éruption aiguë de boutons à 21 ans, hydropisie d'un genou, avec roideur dans l'autre, et secousse encore marquée d'accroissement en même temps.

Dans ce cas, l'éruption succède aux manifestations articulaires, ce qui semble étayer la proposition que nous avons énoncée dans la précédente observation.

OBSERVATION VII. — Jeune homme âgé de 23 ans, gros et grand; à 16 ans, forte secousse de croissance qui exige l'alitement; en même temps, douleurs dans la région inférieure de la colonne vertébrale, aux hanches et aux aines, aux genoux et aux pieds ; il survient des épistaxis, des esquinancies, une disparition de boutons qui siégeaient dans le bas du tronc et qui reviennent dans la convalescence. A 20 ans, seconde secousse, avec le même appareil de symptômes. Pareille réitération à 23 ans ; mais cette fois la croissance s'opère plus en largeur qu'en longueur, et les douleurs sont plus vives aux pieds.

OBSERVATION VIII. — Enfant âgée de 2 ans et demi. La dentition commença à 9 mois, et une dent perçait à peu près chaque mois ; les quatre œillères seules sortirent presque à la fois. Pendant chacune de ces dentitions partielles, toux légère, moucher, flux de ventre d'un jour, sueurs, glandes au cou, mais point de salivation ni d'éruption.

Depuis quatre mois, aucune dent n'a paru, si ce n'est une molaire qui perce et une autre qui est prête à le faire. Elle se trouve en même temps vers la fin d'une coqueluche qui date de deux mois, pendant laquelle elle a grandi de 2 pouces. Dès le début, enflure aux pieds, douleurs aux malléoles, peine à marcher, et disparition de boutons au cou qui dataient de huit jours.

OBSERVATION IX. — Petite enfant âgée de 7 ans, pâle, fluette, et née de parents dont la taille est élevée. Depuis huit mois, sa croissance a été de 5 pouces, sans toux ni dyspnée, ni aucune dépuration sécrétoire qui se soit renforcée, mais des palpitations violentes par moments se manifestent sous la clavicule, et parfois des évanouissements s'y joignent; pouls habituellement plus fréquent qu'à l'ordinaire. C'est dans la soirée surtout que les scènes se réitèrent.

OBSERVATION X. — Garçon âgé de 21 ans. A 17 ans, mal de tête très-violent, qu'une épistaxis très-abondante enlève sur-le-champ ; mais il s'en trouve si affaibli , qu'il reste alité pendant six semaines sans pouvoir se remuer et sans souffrir. Il en résulte cependant une secousse extraordinaire de croissance, et sa taille , de très-petite qu'elle était, atteignit alors à peu près son dernier degré, qui est assez élevé.

Observation XI. — Enfant âgé de 4 ans. Ses dents sont saines, sa taille peu élevée pour son âge. L'ossification des fontanelles et la marche furent tardives. Il ne fut pas sujet aux éruptions de dentition, mais aux flux de ventre et aux sueurs, la nuit, qui se sont maintenues.

A présent, bosses pariétales plus proéminentes qu'à l'ordinaire, tête volumineuse, faiblesse sur les jambes, nouure, pâleur, maigreur, la marche lui cause de la toux et de l'oppression, la nuit il éprouve des réveils en sursaut, des rêves, des craquements de dents, des sueurs abondantes et sales, en général les urines sont rares. Il commence cependant à se dénouer, et une éruption psoriforme se montre sur le dos.

Nous donnons cette observation, parce qu'elle se rapproche de notre observation 5. On y trouve moins prononcés des symptômes d'hydrocéphale aiguë commençante.

Observation XII. — Fille âgée de 15 ans, non menstruée. Au printemps, début d'une danse de Saint-Guy, avec clochement, qui a persisté pendant toute la maladie. Sa durée a été de deux mois et l'alitement de six semaines. Outre les gesticulations, les principaux symptômes ont été des douleurs fugitives dans les jointures, aux poignets, surtout un amaigrissement marqué ; mais point de fièvre suivie, ni d'épistaxis, ni de sueurs, ni de flux : seulement une gastro-entérite régnante a paru vers le milieu de la maladie, mais légère et avec redoublements le soir. Dans la convalescence qui a duré près d'un mois, peine à articuler, à se tenir en station. C'est alors qu'on s'est aperçu qu'il y avait eu une secousse extraordinaire de croissance.

Cette observation trouverait sa place surtout dans notre second paragraphe, où nous montrerons la chorée comme étant généralement causée par l'accroissement.

Observation XIII. — Individu âgé de 26 ans. Point d'éruption, ni de flux de

ventre d'enfance. De 10 à 16 ans, secousses de croissance avec maux de tête, que
des épistàxis enlevaient. Dès lors cessation de ces hémorrhagies, excès suivis
d'accès épileptiques à peu près menstruels, surtout aux renouvellements de saison.
La taille, qui est assez élevée, était presque complète au début de cette maladie.
Rien dans la famille qui y prédispose, si ce n'est la croissance précoce.

Nous renvoyons aussi, pour l'interprétation de cette observation,
à notre second paragraphe, où il est traité de l'épilepsie en tant
que maladie de croissance.

Si l'on a lu avec attention ces observations, on a dû remarquer
que la plupart des accidents décrits au commencement du premier
paragraphe s'y trouvent placés.

Les deux auteurs de ces observations admettent la crise comme
terminaison inévitable; nous croyons qu'ils sont dans le vrai la
plupart du temps, et que ces manifestations critiques, par lesquelles
l'organisme semble se débarrasser de tout ce qui entrave la régularité du mouvement nutritif, sont éminemment nécessaires. C'est là
la clef du traitement, ou pour mieux dire de la prophylaxie dirigée
contre l'accident, tout prêt à devenir maladie. Daignan ne parle
que des liquides et des solides, et Duchamp, des humeurs; nous
pensons que c'est principalement à ce qui est écrit dans ce paragraphe que s'appliquent les données de notre introduction; les liquides, les solides et les humeurs, sont des éléments : que feraient-ils
dans l'organisme sans la présence de ces puissances occultes, que
nous ne pouvons toucher, mais que nous concevons fatalement?

En parlant des crises qui jugent les accidents de la croissance,
nous avons noté les éruptions cutanées comme annonçant ces crises.
Il vient naturellement à l'esprit que les éruptions cutanées, telles
que la variole, la rougeole, la roséole et la scarlatine, pourraient
être considérées comme des phénomènes critiques. Ce qui éloigne
ces maladies de la croissance, c'est qu'elles ne se montrent pas à
une époque précise de développement : elles apparaissent durant
tout le cours de l'enfance. Peut-être la disposition anatomique pré-

11

dispose-t-elle l'enfance; mais ces affections sont en quelque sorte spécifiques, elles appartiennent, du reste, à tous les âges, et l'une d'elles, la variole, apparaîtrait plus fréquemment dans l'âge adulte, si l'on ne jouissait pas du bénéfice précieux de la vaccination. La contagion pourrait expliquer la présence de ces maladies dans l'état adulte; cette étiologie est fréquente, il est vrai; cependant bien des adultes les contractent en dehors de tout élément contagieux, et ce nous semble une preuve de leur existence propre.

Telle est notre opinion; nous avouerons pourtant que la question n'est pas jugée pour nous. Ce qui nous entrave, c'est l'apparition de l'accroissement des membres pendant la durée des maladies éruptives. Faut-il faire rentrer ce cas dans ce que nous dirons des phénomènes de développement durant le cours des affections aiguës?

Nous dirons, avant de commencer le paragraphe suivant, que, chez les jeunes gens, les modifications de la puberté sont moins tranchées que chez les jeunes filles. On peut se rendre compte de cette différence en considérant que, chez la femme, la puberté s'établit d'une façon plus brusque. Les femmes sont propres à la fécondation beaucoup plus tôt que les hommes, et la fonction, comme nous l'avons établi dans un des chapitres précédents, réclame beaucoup moins vite la perfection et le développement des organes. Cependant nous ferons remarquer que la chlorose et les névroses appartiennent également aux deux sexes, bien que le sexe féminin y soit particulièrement prédisposé.

§ II. — *Des accidents et des maladies qui apparaissent pendant et après la puberté.*

La puberté est peut-être, encore plus que la première dentition, la période pendant laquelle s'accomplissent les phénomènes de croissance les plus marqués; ce qui la suivra sera la période d'état. Le principe vital n'aura plus à lutter contre les nombreux actes organiques de création et de consolidation, tous ses efforts devront tendre à maintenir l'œuvre arrivée à sa perfection.

Mais on comprend quels devront être les efforts nombreux et soutenus qui domineront cette scène active. Tous les phénomènes mentionnés dans le paragraphe précédent apparaîtront plus intenses et plus soutenus, l'état pathologique s'établira d'autant plus facilement que les points à surprendre seront plus nombreux et plus faibles. C'est à ce moment que le tempérament se déterminera, et que l'on pourra apercevoir toute sorte de désordres portant sur la circulation, l'innervation, le mouvement, etc. etc. Nous aurons donc, en mettant de côté les phénomènes notés au paragraphe précédent, à nous occuper de la chlorose et de l'anémie, de la chorée, de l'épilepsie, de l'hystérie, de la luxation spontanée du fémur, accompagnant la formation des organes génitaux.

La *chlorose* est une maladie qui s'établit le plus souvent d'une manière progressive, mais elle débute quelquefois spontanément, quand, par exemple, elle est le résultat d'une frayeur subite ou d'une émotion morale très-vive.

Le mécanisme, sous l'influence de la puberté, est facile à comprendre, si on lit attentivement notre 1re observation. En effet, il est facile de saisir combien ce mouvement organique, si prononcé du côté des seins, peut altérer le reste de la constitution; les phénomènes nerveux sont très-intenses, la menstruation se trouble profondément, il est évident que la modification porte, dans ce cas, sur la crase sanguine déviée profondément au profit d'un organe en particulier. Ainsi donc, quelles que soient les modifications organiques de croissance, si le mouvement est trop violent, on pourra voir apparaître la chlorose.

L'*anémie* pourra se produire si les épistaxis ou les règles sont trop abondantes et dégénèrent en hémorrhagies. On sait que c'est par les pertes de sang trop considérables qu'arrive cette maladie.

Chorée (1). Sur 531 enfants traités à l'hôpital des Enfants, on trouve : 28 âgés de moins de 6 ans ; 235 de 10 à 15 ans, ce qui tendrait à faire croire, avec Sydenham, Cullen, Stoll et Bouteille, que la chorée est une maladie de l'âge de la puberté : d'où Bouteille avait admis, en théorie, que la chorée était un état contre nature plutôt qu'une maladie, en un mot, une puberté difficile à établir.

(2) « C'est une maladie propre à l'enfance : dans un chapitre précédent nous l'avons vue s'unir, comme symptôme, à l'atrophie des membres inférieurs, résultant de l'engorgement des glandes du mésentère : elle est incurable dans cette circonstance ; mais elle ne tient pas toujours à une affection aussi radicale du système nerveux et se présente comme le signe d'une révolution pubère imparfaite ou très-difficile. »

Voici ce que pense M. Gubler à ce sujet : Il considère la véritable chorée comme une maladie ayant ses racines dans les profondeurs de l'organisme, et sa cause génératrice dans une évolution mal réglée. Les causes auxquelles on l'a attribuée, et particulièrement le rhumatisme, ne sont pour lui que des circonstances occasionnelles ou adjuvantes. Il nous a tenu en garde, à ce sujet, contre deux erreurs qu'il a soin de signaler dans un travail en voie de publication (3). La première consiste à prendre ce que M. Gubler appelle des *amyostasies* et d'autres mouvements irréguliers, pour la véritable chorée ; la seconde, à voir du rhumatisme dans toutes les douleurs qui précèdent ou accompagnent la chorée, bien que ces douleurs soient souvent des troubles de la sensibilité, appartenant à la maladie elle-même, ou bien ce que nous connaissons sous le nom de *douleurs de croissance*.

---

(1) Moynier, thèse inaugurale, 1855.

(2) Richard (de Nancy), ouvr. cité.

(3) *Des Paralysies dans leurs rapports avec les maladies aiguës, et spécialement des paralysies asthéniques diffuses des convalescents* (*Archives générales de méd.* ; **Paris, 1860**).

Épilepsie. On peut considérer cette maladie comme étant quelquefois sous l'influence de la croissance, puisqu'on la voit s'établir au moment même de la puberté, et cesser quelque temps après, quand l'état est remplacé par l'âge adulte.

« Parmi les nombreuses causes de l'épilepsie, on note le travail de la dentition, les efforts de l'accroissement qui peuvent être irréguliers, qui peuvent amener la gêne du cerveau, soit parce que celui-ci se développe outre mesure, soit parce que le casque osseux s'est développé trop tôt.

« La rapidité du développement est évidemment une cause d'épilepsie, et la preuve, nous l'entrevoyons dans les faits. Ce sont les enfants dont l'accroissement est en plein mouvement, qui deviennent épileptiques plus que ceux d'un âge accompli.

« Ce sont les femmes dont le développement complet est plus précoce et partant plus rapide, qui sont plus que les hommes sujettes à l'épilepsie » (1).

L'*hystérie* est une maladie, en général, liée aux organes génitaux ; elle arrive sous l'influence des vices de la menstruation, à plus forte raison quand cette fonction a de grandes difficultés à s'établir. Or la menstruation est considérée par nous comme un phénomène d'accroissement, donc l'hystérie peut arriver sous l'influence de l'accroissement.

Luxation spontanée du fémur, par suite du développement des organes génitaux.

Nous ne croyons pas pouvoir mieux faire que de rapporter ici textuellement l'article de Richard (de Nancy), où ce point est traité.

« Nous avons observé, dans l'hospice de la Charité, un grand nom-

____

(1) Richard (de Nancy), ouvr. cité.

bre d'enfants boiteux, par suite d'affection grave de l'articulation coxo-fémorale.

« Ces enfants revenaient ainsi de la campagne, où ils avaient été élevés, quand la luxation du fémur était consommée, ou dans un état de maladie trop avancé pour qu'on pût empêcher le déplacement de s'effectuer. Le plus grand nombre des sujets affectés ainsi étaient des jeunes filles de l'âge de 13 à 16 ans. Aucune d'elles ne pouvait indiquer de cause probable de leur maladie. Elles n'étaient pas tombées, elles n'avaient éprouvé aucune douleur de rhumatisme, mais elles offraient des traces notables d'affection strumeuse.

« Une circonstance commune à ces divers sujets était l'âge, l'âge pubère, qui était arrivé sans que les phénomènes de la puberté se soient montrés.

« L'état morbide de l'os coxal nous a paru sous l'influence du développement trop difficile de la puberté. Les efforts insuffisants de la nature pour le développement de l'ovaire, de l'utérus, pour l'établissement des premières règles, réagissent sur l'os coxal, comme on voit une dentition pénible réagir sur le globe oculaire, et creuser la cornée transparente d'une ulcération qui ne se guérit qu'avec la sortie d'une dent canine.

« L'os coxal est composé de trois pièces tardivement réunies dans le centre même de la cavité cotyloïde, et c'est sur ce point d'ossification encore imparfait que s'exerce la douleur sympathique de l'appareil générateur gêné dans son développement.

« La largeur du bassin, chez la jeune fille, ses hanches largement développées, et par conséquent coûtant plus d'efforts à la puissance d'accroissement, le développement pubère, beaucoup plus précoce chez elle, expliquent pourquoi elle est plus sujette que les jeunes garçons à la luxation spontanée..... »

Observation de Daignan.

«La fille d'un petit bourgeois, âgée de 14 ans, très-formée, sans cependant être grande fille, passa de chez son père chez sa grand'mère, qui vivait seule dans une honnête médiocrité, et dans la plus grande régularité. La jeune personne, qui était accoutumée à courir dans les rues, à faire des commissions, obligée de suivre le même genre de vie, ne tarda pas à être incommodée ; elle perdit bientôt l'appétit et le sommeil, et sans sentir un mal réel dans aucune partie, elle se plaignit d'un mal-être général et d'un si grand accablement qu'elle ne remuait qu'à peine, pour ses besoins les plus indispensables. On avait beau la questionner, sa réponse était qu'elle ne sentait rien, qu'elle ne se souciait de rien. Comme elle n'avait pas d'autre signe de maladie que cette insouciance, cette apathie et cet abattement sans cause manifeste, on ne se pressa pas d'appeler du secours. Le dépérissement augmenta si fort, qu'on appela enfin. On lui fit prendre l'émétique, on la purgea plusieurs fois, on lui donna des fondants et des apéritifs, sous prétexte que tout cela venait de la difficulté de l'éruption des règles, le mal ne fit qu'empirer. L'embonpoint fit place à la maigreur; celle-ci fit des progrès rapides. On employa les martiaux, les toniques, les restaurants, le lait d'ânesse; tout fut inutile : la maigreur augmenta toujours, jusqu'au marasme dans lequel elle mourut, sans jamais avoir eu un instant de fièvre, ni aucune douleur particulière.»

Nous citons cette observation, parce qu'elle nous semble être un exemple frappant de chlorose poussée jusqu'à ses dernières limites ; nous pourrions en citer bien d'autres, en feuilletant toutes les monographies écrites sur les diverses affections que nous avons signalées plus haut, dans ce chapitre. L'interprétation juste des faits nous pourrait bien sûrement ramener à démontrer combien souvent on devrait invoquer la croissance comme cause de tous ces désordres. Mais ce serait par trop surcharger notre travail, qui a déjà pris de grandes proportions, et nous laissons au lecteur le soin de faire l'application de ce que nous avançons quand il en trouvera l'occasion.

Arrivent pour nous maintenant les diathèses.

Deux questions se présentent : 1° *La diathèse peut-elle être déterminée par les phénomènes de croissance ?*

2° *Quel sera le mode d'action des diathèses sur les phénomènes de croissance?*

Première proposition. L'élément primordial de la croissance se trouve dans le suc nourricier, c'est-à-dire dans le sang ; c'est une vérité qui se démontre d'elle-même. Or nous avons établi que le sang, dans ses efforts sur certains organes, pouvait s'altérer en un ou plusieurs points de l'organisme. Le génie qui préside à ces transformations morbides nous est inconnu dans son essence, nous constatons le fait par l'observation, nous notons les lésions, et voilà tout. Si donc les éléments du sang se dévient en certains points sous les efforts de la croissance, nous verrons apparaître les diathèses scrofuleuses, tuberculeuses, herpétiques, scorbutiques, et nous serons en droit d'accuser cette croissance. Il nous paraît bien difficile de pousser plus loin cette question, et nous concluons par analogie. Du reste il est un fait d'observation, c'est que bien souvent ces diathèses font leur apparition au moment de la puberté, par conséquent à l'époque où se présente le phénomène de croissance le plus important, puisqu'il donne à l'homme l'attribut le plus remarquable de sa puissance, c'est-à-dire la faculté de se reproduire.

Seconde proposition. La nature nous donne souvent le triste héritage de principes morbides placés dans le sein de nos parents. On comprend facilement qu'un être en produise un autre semblable à lui, avec tous ses vices et toutes ses qualités. La diathèse est donc établie d'emblée.

L'enfant naît chétif, malingre, et dans des conditions désastreuses pour arriver à son entier développement.

On a pu remarquer quelle était la difficulté de l'établissement des fonctions et des organes chez les êtres nés dans de bonnes conditions ; la lutte est incessante, les efforts puissants et désordonnés ; il est tout naturel de conclure, d'après le peu de ressources de l'individu, aux résistances inouïes qu'il faudra qu'il tente pour vivre.

Il en est qui succombent; mais cependant il en est qui se forment et qui vivent dans ces conditions déplorables, et ceci est la meilleure preuve que l'on puisse donner de l'existence d'un principe immuable dont nous sommes appelés à voir tous les jours les effets, nous voulons parler du principe vital.

Nous rappellerons ici un passage d'un ouvrage pour lequel nous avons une grande admiration, car c'est en le lisant avec un grand plaisir et une attention soutenue que nous sommes arrivé à la conviction.

Voici ce passage, emprunté à l'article *Médication névrosthénique* du *Traité de thérapeutique* de MM. Trousseau et Pidoux.

« On se tromperait grossièrement, si, de ce qu'un homme est bien conformé, d'un beau développement musculaire, d'une constitution athlétique même, de ce que tous ses organes sont dans l'état le plus normal anatomiquement et physiologiquement, on concluait qu'il résistera mieux à des influences nuisibles; que, frappé par une cause morbide, les symptômes de la maladie que cette cause suscitera seront plus réguliers, plus calculables dans leur marche, mieux coordonnés dans leurs actes et leurs périodes, d'un traitement plus simple et plus naturel, d'une issue plus prompte et plus définitive que les mêmes phénomènes résultant de la même cause, chez un sujet évidemment placé dans des conditions organiques beaucoup moins favorables en apparence.

« Combien de gens à belle carnation, à frais embonpoint, à nutrition énergique, à dents bien plantées, à longs cheveux, à sang plastique et immédiatement organisable, etc., et qui sont abattus par un souffle, qui ne peuvent supporter la perte de 2 onces de ce sang si riche, qu'un bain anéantit, qu'une frayeur fait pâmer, qui tombent en syncope à la moindre émotion, à la vue d'une lancette, en essuyant la douleur d'un coup reçu, d'une brûlure légère, etc. ! Il est une fonction très-propre à servir de mesure à la résistance vitale, c'est la calorification.

12

«Immédiatement liée à l'état vital le plus élémentaire, elle en est aussi l'expression la plus fidèle.

« En effet, les personnes chez lesquelles la résistance vitale faillit facilement sont incapables de cette excitation spontanée, qui, chez les autres, contrebalance l'action dépressive du froid, comme de cette sédation spontanée qui doit combattre l'influence oppressive et accablante d'une chaleur excessive. De tels individus sont promptement engourdis par le froid et anéantis par la chaleur.

« Ces gens sont le type parfait qui représente la force d'assimilation à son maximum d'activité, et cependant ils sont le type qui nous montre la force de la résistance vitale à son minimum de puissance.

« Combien de gens maigres, pâles, et d'une constitution chétive, quelquefois affligés d'un vice de conformation congénitale ou d'une lésion organique acquise, etc., qui vivent impunément au sein d'influences délétères, de foyers épidémiques, sans en subir l'atteinte ! qui, affectés par les causes morbifiques, réagissent salutairement et recouvrent merveilleusement leur état physiologique, tandis que les premiers, exposés aux mêmes causes, succombent ou survivent laborieusement et au milieu de toutes sortes d'anomalies, ou de périls qui attestent la faiblesse et l'incohérence de leur résistance vitale !

« Cette organisation, en apparence si délicate, supporte souvent mieux les pertes de sang que celles dont nous la rapprochons, pour en faire saillir les différences. Les douleurs physiques et morales, les épreuves de tout genre, la trouvent toujours en mesure de repousser leurs coups par des efforts naturels et synergiques, c'est-à-dire qui puisent leur force dans leur spontanéité et dans leur harmonie. Enfin, soumise à des abaissements et à des élévations considérables de température, elle y oppose facilement une excitation et une sédation spontanées pour neutraliser leur funeste influence.

« Ces gens sont le type parfait qui représente la force de résistance vitale à son maximum de puissance, et cependant ils sont le type qui nous montre la force d'assimilation à son minimum d'activité..... »

Qu'on mette maintenant en présence nos deux propositions, et il nous semble impossible qu'on puisse admettre autre chose pour expliquer la persistance de la vie chez des individus de constitution si différente, par autre chose que par la *résistance vitale*, substratum *du principe vital.*

Ainsi, les uns bien constitués, sans vice originel, avec une puissance assimilatrice très-prononcée, sont aussi exposés que ceux dont la nature est chétive. D'une part, la puissance organique apportera elle-même, par sa force impulsive, de nombreuses causes de mort ; d'autre part, la nature, sans éléments réactifs bien développés, arrivera à se consolider peut-être, parce que, l'attaque étant moins vive de ce côté, la résistance aura besoin de moins d'énergie. L'harmonie, si elle existe, sera la condition du succès ; mais qui pourra l'amener, si ce n'est le régulateur général, ou le *principe vital ?*

Nous sommes naturellement conduit à nous occuper maintenant du *tempérament,* car nous croyons que c'est au moment de la puberté qu'il se juge d'une manière définitive.

Les éléments nécessaires existent bien avant cette époque dans l'organisme, mais les conditions de santé changent de tant de manières différentes pendant l'enfance, que le tempérament ne peut être véritablement défini qu'au moment où les phénomènes organiques d'augment ont cessé, et que la période d'état est établie.

Qu'est-ce donc que le *tempérament ?*

C'est cette solidarité établie entre tous les éléments vitaux de l'économie, qui fait que la prééminence de certains de ces éléments constituants imprime à cet organisme un type particulier, qui lui demeure acquis pour toujours.

Pourquoi la puberté est-elle le moment où se détermine le tempérament?

Nous avons dit déjà que la puberté était le passage de l'enfance à l'état adulte.

L'enfance est caractérisée par une foule de manifestations tendant à former un être complet, qui jouisse de toutes les propriétés qui constituent la vie à l'état d'intégrité. Nous ne voulons pas dire par là que l'enfant ne vit pas ; il vit, mais dans un état perpétuel d'hésitation (si nous pouvons nous exprimer ainsi) qui fait qu'il possède en lui-même bien plus de chances de destruction, en raison du manque de solidité. Arrivé à sa période d'état, l'homme est un monument élevé sur des bases solides, et sa chute est d'autant moins possible que ses éléments constituants sont plus puissants.

Il jouit donc de tous ses bénéfices, et l'accord nécessaire qui a dû se faire entre les diverses parties du tout constitue le *tempérament*. C'est pour cette raison que la puberté étant le dernier effort de consolidation amenant la perfection de l'être (perfection relative, bien entendu), règle les derniers efforts et imprime à l'organisme son type. Voilà pourquoi le tempérament s'établit pendant la puberté. Nous n'entrerons pas dans le détail des divers tempéraments; c'est un fait connu de chacun : nous avons simplement justifié notre manière de voir.

Avant de terminer ce sujet, nous sommes obligé, quoi qu'il nous en coûte, de parler de certaines habitudes déplorables si communes dans la jeunesse, parce qu'elles ont une grande influence sur les phénomènes de croissance, influence malheureusement bien délétère. Nous dirons donc quelques mots de ces *mauvaises habitudes*, et nous signalerons surtout leur influence sur la puberté.

Ce vice se montre principalement dans les assemblées nombreuses d'enfants, telles que colléges, pensions, manufactures, etc. etc. Les deux sexes y sont tout aussi exposés, et le mauvais exemple est généralement la cause du mal : « Il ne faut qu'une brebis galeuse pour infecter tout un troupeau ! »

Les phénomènes qu'on remarque chez les enfants qui ont ce malheureux défaut sont : perte de la vivacité et de la gaieté habituelles, désir de la solitude, esprit distrait, rêveur et mélancolique ; besoin d'éloignement, humeur sombre, diminution des forces, abattement et relâchement du système nerveux ; maigreur, pâleur du visage ; altération des traits et de la fraîcheur de la peau, parsemée alors de boutons enflammés ; langueur des yeux, faiblesse de la vue, dilatation de la pupille, éblouissements, vertiges ; dyspnée, essoufflement à la moindre fatigue ; toux sèche, importune ; voix faible et chevrotante ; inappétence, goûts bizarres, flatuosités fréquentes et incommodes, nausées, borborygmes, constipation habituelle ; sommeil interrompu, lourd, laborieux, traversé de songes lascifs ; pertes involontaires, abaissement du sens moral et de l'intelligence ; paresse, irascibilité du caractère, qui devient quelquefois difficile et dissimulé ; mouvements moins coordonnés, tremblements dans les membres.

Voici la symptomatologie si étendue et si variée de cet état anormal dans lequel se trouvent plongés ces malheureux enfants. On saisit le sens de tous ces symptômes qui, en s'aggravant, peuvent amener la chlorose, les névroses, surtout la chorée et l'épilepsie, l'hystérie, la perversion des fonctions digestives, la phthisie pulmonaire, le mal de Pott, etc. etc. Chez les enfants adonnés à ce vice, les organes génitaux, continuellement irrités, deviennent le centre des efforts de la puissance organique, qui doit répondre aux besoins de la fonction génératrice prématurément appelée. Elle se trouve alors détournée de sa marche normale, et arrête par sa déviation la régularité indispensable à l'établissement intègre des autres fonctions. La susceptibilité nerveuse est surtout très-développée ainsi, et c'est là la cause de l'apparition fréquente des névroses.

Ce défaut devient un besoin si impérieux, qu'il est souvent bien difficile de le déraciner ; il peut en résulter les plus grands désas tres. Aussi doit-on veiller avec une grande sollicitude sur les enfants qui en sont malheureusement atteints.

VII.

Phénomènes d'accroissement durant le cours des maladies aiguës ou leur succédant.

Durant le cours des maladies aiguës, on remarque très-souvent une augmentation du corps en longueur plus ou moins prononcée, et ce phénomène est surtout sensible soit avant, soit pendant, soit après la puberté. Là se présentent deux questions bien importantes :

1° *La croissance détermine-t-elle la maladie aiguë, ou bien la maladie aiguë détermine-t-elle la croissance?*

Ce problème nous a bien longtemps et bien souvent préoccupé, et ce n'est qu'avec une extrême timidité que nous présentons les considérations qui vont suivre. Voilà ce que dit M. Gendrin (1) à ce sujet : « La réaction fébrile chez les jeunes sujets détermine une activité plus grande des fonctions organiques, qui rend leur évolution plus rapide; c'est pourquoi ces maladies donnent en général une plus vive impulsion à l'accroissement du corps. »

Cette interprétation nous paraît bien difficile à admettre. Que la fièvre ne soit pas une maladie, nous l'accordons; mais c'est toujours le symptôme d'un état morbide se produisant et devant retentir sur un point quelconque de l'organisme. Or comment un état pathologique pourra-t-il produire un état physiologique, c'est ce dont nous ne pouvons nous rendre compte.

____

(1) Thèse de concours, 1840.

2° La croissance détermine-t-elle une maladie aiguë?

Nous le croyons. Nous avons cherché à démontrer qu'au moment de la croissance il se faisait un travail actif qui pouvait troubler l'organisme : que ce travail se prolonge et prenne une grande acuité, ou verra apparaître la fièvre qui sera pour nous l'indice d'une détermination morbide portant sur un organe ou sur un appareil ; de là apparition de maladie aiguë fixée en un point du corps. Il nous paraît évident que dans ce cas l'étiologie de la maladie sera la croissance.

2° La maladie aiguë détermine-t-elle la croissance?

A cela il nous est facile de répondre que les faits le prouvent sans cesse ; ainsi, dans la fièvre typhoïde et dans toutes les maladies septiques, on observe l'élongation du corps. Nous prenons ce genre de maladie, parce qu'il nous paraît impossible d'admettre qu'un empoisonnement puisse produire la croissance. Il en est de même de toutes les affections spécifiques et de celles qui ont une existence propre bien démontrée ; et cependant on ne peut aller contre ce fait pur d'observation, *le corps grandit.*

Voilà comment il nous semble qu'on pourrait se rendre compte du phénomène. Durant le cours d'une affection aiguë, retentissant spécialement sur certains organes, il nous paraît que toutes les forces vitales, et l'on sait ce que nous dénommons ainsi, soient dans un état ataxique plus ou moins prononcé. Elles ne sont pas détruites pour cela, car il y aurait cessation de leurs actions réciproques, et par conséquent mort ; elles sont simplement dans un désaccord qui fait que certaines d'entre elles agissent avec leurs propriétés là où elles se trouvent. Un organe malade n'assimile plus, il subit toutes les atteintes de la lutte. Ceux qui ne sont point affectés détournent à leur profit les ressources de la puissance organique, qui seule se trouve en jeu, puisque la résistance vitale s'applique directement au niveau de la lésion pour empêcher la des-

truction de l'organe qui pourrait entraîner la chute entière de
l'édifice.

Nous allons donner une observation de fièvre typhoïde, prise par
nous au point de vue des phénomènes de croissance, puis nous la
compléterons en empruntant à un travail de M. Gubler (1) cette observation prise à un autre point de vue. On verra combien cet organisme a été affecté de façons diverses, et peut-être justifiera-t-elle
ce que nous venons de développer plus haut.

OBSERVATION. — Auguste G....., 16 ans, garçon marchand de vin, né à Écomoy
(Sarthe); entré le 24 septembre 1859, salle Saint-Louis, n° 19, service de
M. Gubler.

Nous le prenons au moment où il est en pleine convalescence de sa fièvre typhoïde. Il a grandi de telle façon que son pantalon est devenu très-court, et lui
descend maintenant aux deux tiers inférieurs de la jambe. Douleurs très-vives
dans les jambes, quand il veut essayer de marcher, ce qui du reste lui est complétement impossible.

Les jambes sont d'une maigreur extrême ; les muscles ont diminué, au point
qu'il ne semble guère rester que leurs gaînes fibreuses ; sur les inférieures, cicatrices qui semblent dues à ce que la peau paraît avoir été trop courte, et s'est
éraillée au moment de ce développement si rapide. Ces cicatrices sont transver-
sales, au nombre de six, au membre gauche, dont une est située à la partie externe de la cuisse, à 4 pouces environ du grand trochanter ; dix au membre droit,
une située parallèlement à celle qui est au membre gauche, seulement elle est
plus volumineuse et un peu plus antérieure. On remarque encore de ces cicatrices au-dessus des malléoles externes des deux jambes ; elles sont moins accu-
sées, et paraissent avoir affecté simplement les fibres superficielles du derme.

Voici l'observation du même sujet trouvée dans le travail de
M. Gubler.

« Ce jeune garçon, qui était d'une faible constitution avant le développement

____

(1) *Des Paralysies dans leurs rapports avec les maladies aiguës, et spécialement
des paralysies asthéniques diffuses des convalescents.*

de sa maladie, a été traité, dans les salles de M. Gubler, pour une fièvre typhoïde grave, à forme adynamique, dont la convalescence s'est établie difficilement vers le commencement de novembre, et n'est pas encore terminée aujourd'hui. Quelques jours après la cessation de la fièvre, on remarqua que sa voix devenait nasonnée. On pouvait se demander si le nasonnement tenait à l'oblitération des fosses nasales, à l'orifice desquelles se voient encore des croûtes fuligineuses ; mais, bien qu'elles ne fussent pas complétement libres, il fut facile de constater qu'elles étaient perméables à l'air expiré pendant l'occlusion de la bouche. Le nasonnement devait donc tenir à la paralysie du voile ; cependant celui-ci se contractait manifestement, bien que d'une manière fort peu énergique, pendant la déglutition et la phonation. Pour se rendre compte de ces phénomènes, M. Gubler voulut faire observer sur lui-même ce qui se passerait pendant la phonation avec une voix nasillarde, et les assistants purent s'assurer qu'une note, longtemps soutenue en nasonnant fortement, était accompagnée d'un mouvement marqué du voile palatin. Il n'est donc pas nécessaire que la paralysie en soit complète, pour que le nasonnement se produise. Quelques jours après l'apparition de cette paralysie, notre malade, habitué à lire dans son lit pour se distraire, se plaignit de ne plus y voir nettement ; il était obligé de porter son livre plus loin de ses yeux pour en distinguer les caractères, les pupilles étaient dilatées. Tandis que ces phénomènes persistaient, il survint des douleurs dans les oreilles, et l'oreille gauche livra passage à un écoulement d'abord assez abondant, qui dura environ une quinzaine de jours. Bientôt on remarqua une notable déviation dans les traits du malade ; la bouche était entraînée à droite, et la joue gauche était plus flasque.

Le 13 décembre, quelques-uns de ces symptômes subsistent encore ; le nasonnement est toujours très-prononcé, bien que les fosses nasales ne soient pas oblitérées, et que le voile jouisse d'un certain degré de contractilité ; les pupilles sont encore dilatées, mais moins largement, et la vue est meilleure ; l'otorrhée n'existe plus, et la figure est revenue à son état naturel. Le malade n'a encore pu se lever, etc..... Suivent des détails analogues à ceux que nous avons recueillis et donnés nous-même précédemment.

Dans cette observation, on retrouve des phénomènes semblables à ceux que nous avons décrits dans la 1re observation ; nous voulons parler des vergetures. On voit, en considérant cette scène pathologique, si longue et si variée, combien cet organisme a été touché, et combien la lutte a dû être pénible et étendue.

13

VIII.

Dans ce chapitre, nous allons nous occuper de la *prophylaxie* et du *traitement* de tous les accidents que nous avons notés pendant la croissance.

Nous avons montré, dans le cours de cette dissertation, qu'avant de devenir maladie, les phénomènes de croissance s'annonçaient par certains prodromes, qu'il était nécessaire d'enrayer par des moyens appropriés. Ces moyens constituent la prophylaxie. Nous suivrons exactement le plan général de cette thèse, et nous nous occuperons successivement des trois périodes très-tranchées : *première dentition, seconde dentition, puberté.*

La prophylaxie, pendant la première dentition, consistera à surveiller l'allaitement, puis le mode de nourriture qui suivra l'allaitement. Il faudra surtout éviter de trop surcharger ce jeune organisme tout prêt à éclater, s'il est trop fatigué, tout disposé à s'anéantir, s'il n'est pas suffisamment secondé. Les précautions devront être nombreuses au moment de l'éruption dentaire, cause de tant de malheurs. Les soins hygiéniques sont d'une grande importance, et c'est dans l'hygiène surtout que l'on devra chercher la prophylaxie.

Une chose très-importante, c'est de savoir bien favoriser le développement de la charpente osseuse, afin d'éviter les déviations soit du rachis, soit des membres ; nous n'entrerons pas dans le détail de tous ces moyens, c'est au bon sens qu'il faut surtout s'adresser. La seconde dentition, comme nous l'avons dit, est une période moins dangereuse ; les phénomènes organiques sont moins actifs. Les soins hygiéniques sont très-précieux : l'air, le mouvement, la nourriture bien choisie et substantielle, pour répondre au besoin d'assimilation, les exercices de toute sorte. Éviter surtout l'application des enfants ; ne pas les forcer au travail intellectuel, et y arriver par des gradations nombreuses. Nous avons fait voir tous les dangers de la trop grande application ; le système nerveux est en ébullition à ce moment, la suractivité fonctionnelle est facile à entraîner. Il faut craindre les congestions et les inflammations, qui détruisent l'organe avant qu'il soit entièrement formé. C'est en les pressant trop qu'on arrive à rendre nuls des enfants qui auraient pu briller un jour ; 5 ans est l'âge auquel on peut commencer les enfants. Il faut les amuser par des récits intéressants, et non par des contes fantastiques, qui peuvent les frapper d'une façon désastreuse en les rendant craintifs. La peur est le plus vilain défaut d'un homme. Il faut leur montrer à lire en les promenant, puis les amener peu à peu aux livres, sans les y fixer longtemps.

Ne jamais surtout entraver l'activité musculaire, en renfermant ces jeunes êtres ; les laisser courir, sauter, lutter, etc.

C'est à ce moment, en cas de faiblesse héréditaire ou déjà acquise, qu'il faut faire usage de l'huile de foie de morue, c'est un remède précieux qui sauve bien du monde.

Parmi les exercices, nous signalerons comme très-utiles tous ceux qui sont du domaine de la gymnastique, parce que, tous les membres étant en action, le développement des cavités se trouve favorisé indirectement. L'escrime exige une grande quantité de mouvements qui se répandent sur la masse, et par cela même est très-utile. La natation est indiquée spécialement ; il faut habituer les enfants à l'eau, ils doivent de bonne heure pouvoir se sauver en cas d'accident, et secourir leurs jeunes camarades moins avancés ou plus timides.

Nous passerons un peu rapidement sur ces deux premières périodes, pour arriver aux environs de la puberté elle-même ; c'est à ce moment que les soins de toute sorte sont si utiles pour prévenir ou conjurer le danger.

L'enfant qui s'avance vers la puberté est soumis à bien des entraves ; durant les premières périodes, la lutte a été incessante entre les différentes forces, et les circonstances, la constitution, l'hérédité, et les idiosyncrasies, ont déjà donné à l'enfant une grande partie des propriétés avec lesquelles il traversera la vie, si la puberté elle-même ne vient pas jeter le trouble dans l'organisme.

Nous supposerons les enfants dans deux conditions principales, c'est-à-dire que les uns seront forts, robustes, sans vices originels, sans mauvais antécédents, ayant résisté à toutes les attaques; les autres, au contraire, débiles, nés de parents d'une mauvaise santé, et ressentant les mauvais effets résultant de leur naissance. Quels seront les moyens de conserver ces êtres dans des conditions si différentes?

Pour les premiers, il n'y aura qu'à surveiller la nature, éviter les écarts de régime, favoriser les tendances, tout en réglant les actions. Ces enfants, en général, aiment mieux jouer que travailler : ne forcez pas trop les goûts, sachez imprimer une bonne direction, évitez les fatigues intellectuelles; elles sont très-fâcheuses, et les centres nerveux sont faciles à influencer. Toutefois nous remarquerons que le développement des forces musculaires est en rapport inverse des forces intellectuelles; il faut donc ne pas tout accorder au besoin du mouvement, et savoir le régler à point. Nous comprenons que ce que nous recommandons est beaucoup plus facile à dire qu'à faire. Les accidents qui arrivent à cet âge sont, en général, les obstructions du tube digestif, les éruptions cutanées : donnez les rafraîchissants, les délayants, les purgatifs salins, l'huile de ricin; ne supprimez pas surtout les éruptions, cela pourrait devenir funeste; nous avons dit plus haut que c'était par ce moyen que l'organisme cherchait à se débarrasser de ce qui pouvait lui nuire. Ne vous effrayez pas trop des épistaxis, des oreillons, des angines simples; appropriez votre traitement aux circonstances, il doit être plutôt *palliatif* que *curatif*. Si la puberté influe en mal sur les enfants de cette catégorie, ils rentreront dans celle de notre seconde division : ils perdront leurs belles couleurs, leurs forces, leur énergie, et ils pourront devenir cacochymes. Le traitement sera alors le même dans les deux cas.

Pour les enfants de la seconde catégorie, informez-vous bien des antécédents héréditaires ; c'est à ce moment que nous avons le plus de prises sur les diathèses.

Le quinquina, qui est le *régulateur* par excellence des phénomènes vitaux, sera d'une grande utilité, ainsi que tous les agents de la matière médicale qui entrent dans la même classe. Ainsi les toniques et les névrosthéniques seront toujours indiqués ; l'exercice en plein air, l'hydrothérapie, pourront rendre de grands services.

Au moment de la puberté, il est très-important de favoriser tous les phénomènes qui la traduisent ; nous avons développé plus haut tous ses inconvénients. Ainsi la chlorose, l'anémie, les névroses, la débilité générale, les diathèses, les déviations organiques, ont été signalées comme pouvant être le résultat de cette période de croissance ; il faut donc appliquer à chacune de ces maladies s'annonçant ou se confirmant le traitement habituel de ces affections, en ayant soin de se rappeler que la médication, pour les enfants, est très-difficile, et demande de nombreuses et attentives précautions. Entrer dans tous les détails de ce qu'il y aurait à faire en pareil cas nous semble inutile, les cas sont si dissemblables, les constitutions si différentes, les circonstances et les indications si variées. C'est à la sagacité du médecin à saisir les opportunités et à régler la médication dans ces circonstances exceptionnelles.

Nous sommes arrivé à la fin de notre tâche. Nous n'avons pas considéré notre dissertation inaugurale comme une simple formalité ; nous avons fait de grands efforts pour arriver à composer ce travail, dont nous sentons toute l'insuffisance. Sans vouloir faire du nouveau, il nous a paru cependant utile d'attirer l'attention sur les phénomènes de la *croissance,* et nous nous trouverons très-heureux si nous avons atteint ce but.

9 782016 157152